目 录

◇ 通往幸福的道路 / 1
　昔日的苍凉古道 / 2
　如今的立体交通 / 4
　骑着毛驴上北京 / 15
　两轮·三轮·四轮 / 19
　交通建设的"新疆速度" / 20

◇ 边疆城镇焕新颜 / 23
　星罗棋布的大城小镇 / 24
　舒适的居住环境 / 27
　繁华的现代都市 / 31
　特色的小城镇 / 42

◇ 在希望的田野上 / 51
　种粮食的百万富翁 / 52
　创造世界纪录的棉花 / 55
　甜蜜的瓜果 / 58
　草原上的珍珠 / 64
　离海最远的海鲜 / 67
　温室里的别样风光 / 71
　散发着香味的名片 / 73
　美丽新农村 / 76
　白银王国的候鸟 / 78
　农业产业化 / 81

◇ 咱们工人有力量 / 85
　泛着金光的石油 / 86

呼唤地下的宝藏 / 90
天山脚下的锦绣 / 94
戈壁滩上的风车森林 / 97
花园里的工厂 / 102
从西到东的大爱 / 105
大步走的新疆工业 / 110

◇ 全面发展的社会事业 / 115

老百姓的文化大餐 / 116
文化产业的春天 / 119
拍电影和看电影 / 121
新疆体育蒸蒸日上 / 125
蓬勃发展的旅游业 / 132
新疆美食遍天下 / 138

◇ 关爱各族老百姓 / 143

就业收获希望 / 144
会双语的新疆娃 / 147
健康的保障 / 155
最美夕阳红 / 159
温暖的家 / 165

◇ 新疆亚克西 / 173

这里是新疆 / 174
大爱无疆 / 178
绵延万里的援疆情 / 181
新疆的活力之源 / 184

活力新疆

通往幸福的道路

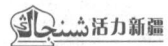

这里是新疆，166万平方公里的面积，中国版图的1/6。在这片广袤的土地上，戈壁、沙漠占总面积的95%。1000多个绿洲，就好像珍珠一样，散落在大漠、戈壁、高山的周围，路是绿洲之间的生命线。一代代新疆人艰苦奋斗，筑路机械的轰鸣声打破了千年古道的寂静。公路、铁路向四面八方不断延伸，航线、管道方兴未艾，绿洲被串联起来，"珍珠"变成了"项链"。

从解放初3000公里的土路，到现在14.52万公里的现代化柏油路；从解放前没有一座永久性桥梁，到现在2000多座大中型桥梁；从翻身农民库尔班大叔骑毛驴上北京见毛主席的历史，到现在新疆公路网四通八达的现实……这一切都向世人昭示着：新疆不再遥远，大美新疆正在腾飞！

新疆的地缘优势和它的博大壮美被越来越多的人所熟知。纵横交叉于天山南北的通道建设，为新疆带来了越来越多的发展机遇。无论是公路、铁路、民航构成的立体交通大动脉和延伸向国内外的石油天然气管道，还是密如蛛网的输电线路、通信光缆，条条通道为新疆的发展注入了无限的活力。

昔日的苍凉古道

曾几何时，丝绸之路，商旅不绝，大漠中的驼铃悠悠回响。然而，时过境迁，繁华变成流沙，古道上最终只剩下苍凉。

"地上本没有路，走的人多了，也便成了路。"鲁迅先生的这句话，用在新中国成立前的新疆，再合适不过了。旧中国的新疆，几乎没有一条人工修出来的公路，更谈不上柏油路，都是自然走出来的路。

当时，南北疆之间的交通运输主要靠骆驼、马车和毛驴。夏季能用木制二轮或小四轮马车，冬季的主要运输工具是马拉或牛拉爬犁。

人要吃饭、休息，牲畜得吃草、喝水，一天能行走20—30公里。从南疆的和田到北疆的塔城或东疆的哈密，相距2700公里，得走100天才能到达目的地。如伊宁与阿克苏、库车之间的直线距离并不远，但必须翻越4000多米高的冰大坂，非常困难。那时，商人长途运货物是很危险的，出行前通常都要留遗嘱，并召集亲人举行离别仪式。因为，冰大坂的气候变化无常，一旦遇到大风雪，人货全无。若是迪化（今乌鲁木齐市）、伊宁等城市一旦下大雨造成街道不通，过马路比过河还难，每到春秋泥泞不堪，路根本没法走。

那时的新疆交通运输业十分落后，全疆通车里程只有381公里，仅有317辆汽车，而且破旧不堪。平均每500平方公里的面积只有1公里公路，公路密度在中国、甚至在世界都是最稀少的地区之一。从兰州到乌鲁木齐，汽车要走将近一个月，从乌鲁木齐到喀什也得走一个月，途中还要带上锅灶，用来做饭。

在建国初期那激情燃烧的岁月，一批批内地青年从中国的东西南北赶到新疆，支援边疆建设。那时到新疆的铁路，到甘肃武威后就断

乌鲁木齐夜景

昌吉公路正在建设

线停止了,只能从火车再改换成汽车。当时的客车,就是在货车车厢上架上铁架,盖上篷布,后面加一个拖斗,极其简陋。几十个人在车厢里挤成一团,因为路况不好,车外满是扬尘,车里的人随着车厢板上下左右地晃荡。一路颠簸下来,人和车都要散架了,下车后大家全身是尘土,分不清谁是谁了。

新中国成立后的若干年,新疆这种道路不通的状况才逐渐消失。昔日的苍凉丝路古道,也成为新疆人对那个年代艰苦生活的特有记忆。

如今的立体交通

时光荏苒,斗转星移。广袤的草原,浩瀚的大漠,耸立的高山,星星点点的绿洲,一条条公路、铁路、航线把这些神奇的地方连接起来。历史上的丝绸之路一改往日的悲壮苍凉,千年古道焕发出新的生机。

通往幸福的公路

新中国成立时,新疆的简易公路只有3361公里,每百平方公里只有200米的公路,通行能力很差。

新疆百姓中曾有出门背鞋的传统。由于出门走的是土路,土大难走,怕把鞋子弄脏,百姓把鞋子脱下背在肩上,等走到集市上时,为了体面,再把鞋子穿在脚上。多少百姓盼望着走路时鞋子不沾土,这个简单的心愿终于在新中国成立后,变成了现实。

一条条新建的公路,踏破荒原的寂静,穿过丘陵、趟过河流、越过平畴,一米一米向前延伸。一年又一年,新疆的路多了、平了、宽了、黑了、漂亮了。"翻浆路""搓板路"逐渐淡出人们的视野,取而代之的是越来越多的宽阔平整的高等级公路。

公路质量的提升,不仅提高了通行能力,更给老百姓带来了极大的便利。高速公路上出现了一个个设施完备的服务区,停车场、餐饮、

蜿蜒在群山之间的高速公路

休息服务、公共厕所等一应俱全。

伴随着高速公路的不断延伸,农村公路和农村客运的发展步伐也在加快。2000年以来,新疆的农村公路建设实现了历史性的突破。到2011年底,新疆的乡镇(团场)几乎全都通了班车,九成以上的行政村(连队)也都通了班车。以前农牧民"出行难、运输难",现在,平坦的沥青路铺到了农牧民的家门口,农牧民脱贫致富奔小康的步伐加快了,社会主义新农村建设有序推进。

乌苏市塔布勒合特乡,天山深处的马吉克牧场。千百年来,对于牧民来说,马蹄踩到哪里,路就到哪里。这个乡到县城只有50公里,但很多人一辈子蜗居山中,连县城都没去过。2004年9月,乌苏市到布勒合特乡加拉克村的公路建好了,班车也通了。哈拉加村村民第一次见到沥青路的样子,他们奔走相告,高呼"共产党万岁",就像过年过节一样欢天喜地。

在大疆南北,像乌苏市塔布勒合特乡这样的地方举不胜举。新疆

乌鲁木齐市街道

乌鲁木齐市田子路改造工程

的公路史上也留下了一个又一个奇迹。

新疆有世界上最长的砖铺公路，位于若羌县境内的国道218县路段子k931里程至k1033里程，计102公里，始建于1966年8月，全线用砖6120万块。这条快60岁的砖铺公路至今仍身板硬朗，完整如初。

新疆还有着世界上最长的沙漠公路，全长522公里，是世界第一条在流动沙漠中修建的长距离等级公路。死亡之海塔克拉玛干沙漠见证了世界公路建设史上的又一个奇迹。

正是这个奇迹，为周边地区带去了发展机遇。2002年，沙漠公路通到巴音郭楞蒙古自治州的且末县，县上及时动员农民调整种植结构，每年增加12000亩的枣树种植面积。十年过去了，且末县红枣面积已经有14.3万亩，总产量1.5万吨、完成产值2.9亿元。当地农民人均红枣收入就有4000元，占到他们人均纯收入的1/3。有了沙漠公路，且末县的鲜枣当天就能运到州府库尔勒市，第二天中午就能运到乌鲁木齐。

新疆的公路还在不断地向前延伸，通向繁华，通向幸福，从这一条条公路上，尽可以触摸一个年轻态的新疆跳动的脉搏，沉稳而刚毅！

开往春天的列车

"火车火车呜呜响，一节一节长又长，前面装的是优质钢，后面装的是丰收粮，备战备荒为人民，工人叔叔运输忙。"

这是首 30 多年前的儿歌，却不难看出铁路运输对经济社会发展的重要作用。对于遥远的新疆，要实现大规模的人流和物流，必须有火车。

可是，旧中国的新疆，根本听不到火车呜呜响。因为，当时的新疆，境内一寸铁路都没有。1952 年，毛主席发出"继续修建兰新线"的号令，拉开了新疆铁路建设的序幕。1962 年，新疆没有铁路的历史终于结束了！钢轮和铁轨撞击的隆隆声，传递着力量，也给新疆带来了希望。

开往新疆的列车

1978年改革开放后，兰新铁路西段沟通了中国连云港至鹿特丹的世界第二座亚欧大陆桥，乌鲁木齐成为中国对中亚、西亚、东欧开放的前沿。新疆的路网格局得到进一步完善，铁路建设成了新疆经济社会发展的"火车头"。

建国后，相当长的一段时间里，火车都是绿色的，踏上火车，人们便身处在一个被绿色铁皮包裹的世界，"绿皮车"的称谓由此而来。然而，绿皮车的时速平均不足50公里，严重制约了客运和物流。90年代末，很多人童年记忆中的"绿皮车"越来越少，拉着汽笛、冒着白烟的火车渐渐退出新疆人的视野。电气化铁路、高速铁路开始出现在天山南北。

2004年11月，新疆首条电气化铁路精伊霍铁路开建，新疆铁路建设事业步入高速发展期。

2009年11月，新疆第一条高速铁路——兰新铁路第二双线开工建设，新疆从此迈入高铁时代。车辆提速后，货物在一天之内可以很

乌鲁木齐火车站是新疆铁路的总枢纽，也是中国与中亚地区重要的客货集散地。

伊犁霍尔果斯口岸每天接待成千上万的旅客

快到达,大大降低产业转移和物流的成本,打破了矿产、棉花、瓜果等物资的运输瓶颈。内地群众可以品尝到更加鲜美的新疆瓜果,外出打工人员进疆或返乡也不再遭遇一票难求的窘境。

2010年,新疆铁路建设的宏伟蓝图呈现在人们面前。"四纵四横"铁路主骨架,形成新疆对外运输的四大通道、四个铁路枢纽和六个口岸。

2011年6月28日,和田经喀什至乌鲁木齐的首趟列车缓缓驶出站台。新疆的南疆,再也没有不通火车的地方了。喀什至和田铁路正线全长488.27公里,途经塔里木盆地西南部和塔克拉玛干沙漠南缘,线路从南疆铁路喀什站接轨,经过10个市(县),到达终点和田市,和田与喀什,这两个汇集了悠久民族文化和浓郁民俗风情的地方,就这样被一截截铁轨连接起来了。

2011年12月,精伊霍铁路与哈萨克斯坦铁路接轨,成为继阿拉山口铁路之后新疆第二条向西开放的铁路通道。

到2012年底,新疆铁路里程已经达到4000公里。

到2020年,新疆铁路营业里程将达到1.2万公里,覆盖所有地市级城市和90%的县级城镇。更加发达完善的铁路网,就像张开的

建设中的乌鲁木齐至北京高速铁路

怀抱,迎接着更多的人流、物流和资金流。

开放才能带来发展。新疆经济能保持两位数的增长速度,铁路运输发挥了重要作用。

由于新疆远离内地,铁路承担着95%以上的大宗货物长距离运输任务。正是依靠铁路保障煤炭、石油等紧缺资源的运输,新疆才能成为真正意义上的能源大通道。正是铁路对农资的优先输送,保证了新疆实现连续十几年的农业丰产丰收。正是铁路提速和增开旅客列车,有力地服务了新疆的旅游。可以说新疆旅游业的蓬勃发展,很大程度上离不开铁路运输的鼎力支持。

巴音郭楞蒙古自治州是中国面积最大的自治州,有"华夏第一州"之称。通火车前,该州的国民生产总值在全疆排名靠后。1984年,火车通到这里,带动了这里的交通运输、石油工业和特色农业的发展。多年来,巴州经济在全疆各地州一直遥遥领先。同样,依靠铁路建设强区富民的还有喀什,喀什依托铁路实施"打造喀什中亚南亚经济圈重心地位"战略,在莎车县、疏勒县、伽师县打造了三个"百亿产值"园区。

铁路发展不仅有力地促进了新疆的经济建设,也给人们的观念带

来了巨大变化。

阿图什,克孜勒苏柯尔克孜自治州的首府。来往南疆的列车,每次在阿图什只停留不到 5 分钟,但铁路客、货运的开通却改变着这里的陈旧观念。过去,这里的各类优质瓜果无人问津。每到收获瓜果时,农民就为销售犯愁。现在,铁路通了,大家赚钱的路子也多了。各类农产品协会与农民经纪人应运而生,这里的特色农产品装上火车运往四面八方。柯尔克孜群众也放下马鞭,做起生意来,有的甚至搭乘火车到外地做生意。

空中的"丝绸之路"

在老旧的机场,穿着中山装,戴着鸭舌帽,夹着公文包,满眼新奇地登上飞机,走进小小的机舱,神情严肃地等待飞机起飞。

这是 30 多年前,新疆人坐飞机的情景。那时候,坐飞机似乎成了身份和地位的象征。机关、企业外派出差的人才坐飞机,乘客的装

乌鲁木齐国际机场

扮写满了那个时代的印记。当时要买到机票，必须写上某某人因什么事，要到哪里公干。写好了介绍信，单位还要盖公章。

所以，对绝大多数新疆人来说，乘飞机出行是遥不可及的。飞机在天上，那时的机票也是"天价"。如果有谁坐过飞机，周围的人会羡慕地围着他问东问西，坐飞机到底什么感觉？飞那么高会不会害怕？从机舱窗口能不能看到飞鸟经过……各种有趣的问题。

现在，在新疆买机票非常方便。打个电话或上网动动鼠标就可以订票，订票后凭身份证就可以领到机票。淡季打折时，机票甚至比火车票还便宜，因为公务、商务、出游等各种理由选择航空出行的新疆人越来越多。

新疆各族百姓坐飞机的机会多了，每次出行都成为愉悦的经历。从高空看新疆的全景就成了一大乐事。飞机起飞和降落之前，成片的楼宇、川流不息的车辆、宽阔的公路、整齐如画的农田，尽收眼底。当飞机爬升到云端，从三万英尺的距离俯瞰新疆，浩瀚沙海、冰岭平湖、长河落日，心中会更多一份对这片热土的挚爱。

面对新疆民航如此翻天覆地的变化，再回首新疆民航的蹒跚起步，令人感慨万千。

新疆的民用航空业最早可以追溯到1931年，这一年，中德合资经营的欧亚航空公司在新疆成立。

从1940年到1949年的十年里，新疆机场一共才运送旅客28639人，货物1652吨，邮件40吨。当时，迪化（今乌鲁木齐）、哈密、塔城、伊犁等地的机场十分简陋，自然戈壁稍加平整碾压就成了机场跑道。新疆民航就是在这样薄弱的基础上发展起来的。

1978年改革开放初期，当时的机型老旧，机舱小、设备差。那时开通的航线不到6条，仅限于疆内的喀什、和田、阿克苏、伊宁等地。飞机老旧，机场就更简陋了。当时乌鲁木齐机场的老候机楼十分窄小，到客流高峰时候便拥挤不堪。支线机场的条件更差，有的是土跑道，多数没有围界，只能起降小型飞机。一到冬天，土跑道结冰，每年化雪时都无法飞行。

1985年，新疆航空公司开始运营，这也是中国民航第一家航空公司。在这一年，新疆告别了"飞机螺旋桨，航线不出疆"的历史。1989年7月，乌鲁木齐—阿拉木图国际航线开通，新疆的飞机也飞出了国门！

历经三次改扩建后，乌鲁木齐国际机场可以停泊波音777甚至波音787以上大型客机，而新的改扩建工程实施后将可以起降空客A380。新的乌鲁木齐机场航站楼，充满了新疆特色和人文气息。"T"型二层半内廊式结构，进出港厅宽敞明亮，81米深的中央大厅，400米长的东西走廊。从外俯瞰，恰似一只天鹅振翅飞翔。分布在各地州城市的支线机场也不再破旧寒酸，跳动着鲜明的地方特色。

进入21世纪，新疆民航的运输生产各项指标开始突飞猛进。2004年，新疆机场集团成立，这一年，旅客吞吐量首次突破500万人次大关。2010年，全疆旅客吞吐量突破1000万人次，货运量突破10万吨。2011年，乌鲁木齐机场跻身全国千万级"大型机场集团"行列。2012年8月，正值新疆旅游旺季，平均每天50万人在乌鲁木齐机场搭乘航班。乌鲁木齐机场单月吞吐量的增速在中国21个大型机场中名列第一。

和其他交通运输方式相比，民航具有见效快、辐射广、投资小、用地少、耗能低、安全可靠、机动灵活等特点，新疆因此加大了对民航的投入和建设。2007年到2012年这5年，是新疆民航历史上投资规模最大、发展速度最快、

克拉玛依机场

取得发展成就最显著的 5 年。

2013 年 4 月,"空中丝路黄金线"西安—敦煌—吐鲁番航线正式开通,这 3 个昔日丝绸之路上的重镇,也是闻名海内

哈密机场

外的历史文化名城。这条航线的开通,将为新疆带来更多的国内外客源。

目前,新疆已有 14 个营运机场,成为中国机场最多的省区;已经形成以乌鲁木齐为中心的航线网络,连接国内 82 个大中城市、国外 32 个城市;疆内航空运输生产量连续 3 年增幅达 20% 以上,远高于行业平均水平;乌鲁木齐国际机场成为中国七个区域型航空枢纽之一。空中航线的开通,极大地促进了五湖四海的宾客到新疆旅游、投资、经商,进行经贸和文化交流。

骑着毛驴上北京

新疆的少数民族人口占到全疆总人口的 60%,其中维吾尔族集中生活在天山以南大大小小的绿洲上,四周环绕戈壁沙漠。交通运输在人们日常生活中就显得极其重要。

在新疆尤其是南疆,毛驴车是最常见的民间交通工具之一。毛驴不但能够在那些曲折的小路上行走,即便在那些现代交通工具不能通过的陡峭山路上,它也能蹄声踏踏,平稳行进。乡间小路上,常常能见到纯朴敦厚的维吾尔农民,骑着毛驴慢慢转悠;或者是全家老少围坐在毛驴拉的架子车上,走亲戚、赶巴扎(集市);或者是年轻的小媳妇怀抱着宝宝,骑在毛驴背上晃悠着双腿,花头巾随风飘扬,看去

别有一番情趣。

据文献记载,早在公元3世纪,西域就将毛驴作为运输工具奔走在丝路古道上。一直到现在,农民家家户户依旧喜欢养上一两头驴。新疆驴性情温顺,忍耐力强,一把粗杂饲草就能填饱肚子,跟沙漠里的仙人掌一样耐干旱,极少生病,能跟穷人一起过日子。农民们都把驴当做了朋友和依靠。一走进村子便到了驴的世界,家家有驴。每棵树下拴着驴,每条路上都有驴的蹄印和身影。尤其一早一晚,下地收工的驴车一长串,前吆后喝,你追我赶,一副壮丽的美好景观。

阿克苏的库车县是个典型的"驴背县城"。全县40万人口,就有4万头驴。有人打比方说,4万驴车一次就能拉走全县人,对驴来说,这的确不算太难。每到库车的赶集日,千万辆驴车在街头巷尾摆出的阵势更让人叹为观止。

1978年,改革开放后,新疆毛驴也担负了更多更重要的任务,其中之一就是载送中外旅游宾客,乘驴车看民俗不失为一个好选择,也能让这些世世代代靠放牧获取收益的农民有额外的惊喜。吐鲁番人幽默地称自己的毛驴车为"驴的",游客不妨搭乘一次遛上一圈。

穿着粉裙的维吾尔妇女"开车"赶巴扎

和驴一样,马在新疆人的生活中也扮演着十分重要的角色。

过去,新疆的孩子到内地上学,常常会被同学们追问一个让人好笑的问题,"你们是骑马上学吗?"他们没来过新疆,以为新疆遍布戈壁、大漠、雪山、草地。每到这时,大多数新疆孩子会耐心解释,在新疆有公交车、有火车、有飞机,有很多现代化的城市。也不乏幽默开朗的新疆孩子给出如下一些好玩的回答。有的说,"我们那儿骑马还刷卡呢,骑到马上,把卡在马嘴上一刷,马就开始跑,再一刷,马就停下了。"还有的说,"我们学校门口有很多拴马桩,升国旗时那是相当壮观,学校操场上都是人,门外马路上都是马。"

当然,这些都是关于新疆人骑马的趣事。但马的确是新疆人生活中重要的交通工具。比起驴车来,马车的速度更快些。

维吾尔族先民很早就将马、木轮大车作为交通工具来使用。1949年前,维吾尔族传统的交通运输工具主要有马、驴、骆驼、骡子、木排、皮筏子和各种木轮大车。

1949年后,现代化的交通工具在新疆越来越普及。民间畜力因为方便灵活和适应性强的特点,在新疆农村依然是交通运输的重要力

伊宁卡赞奇马的市场

乌鲁木齐国际大巴扎上的阿凡提骑毛驴铜雕

量。胶轮木车、马、驴在一些地方甚至化装成"的士"。在吐鲁番、库车、喀什、莎车等一些维吾尔族群众集中生活的城市，装饰漂亮的马车和毛驴车，具有浓郁的地方特色，既拉得多，又跑得快，颇受当地群众和外地游客的青睐。

在新疆，有两头小毛驴非常出名。

一头在电影《阿凡提》里，被聪明的阿凡提倒骑着的小毛驴；另一头在《库尔班大叔上北京》里，帮助主人库尔班实现上北京见毛主席的愿望的小毛驴，这是一头人见人爱、永远向前的小毛驴。库尔班大叔，可是确有其人。

库尔班·吐鲁木，和田地区于田县农民，自小失去父母，他的童年是在巴依（地主）家的羊圈里度过的。为挣脱被奴役的生活，库尔班带着妻子逃到荒漠里。妻离子散后，他独自度过了17年的野人生活。

新疆和平解放后，库尔班·吐鲁木回到村里，过上了幸福生活。当他知道是毛主席使他翻身解放时，便坚持要到北京去见恩人毛主席，"能让我亲眼见见毛主席，这辈子也就心满意足了。"就这样，库尔班·吐鲁木老人骑着小毛驴上路了……

1958年6月28日下午，75岁的库尔班·吐鲁木受到毛主席的亲切接见。他紧握着毛主席的手，抬头望着慈祥的毛主席，千言万语不知从何说起。瞬间，一张珍贵的照片永远地凝固在历史的记忆当中。

电影《库尔班大叔上北京》里，村民们告诉库尔班大叔：到北京要走40个沙漠、40个戈壁、翻40座大山、过40条大河时，老人并没被吓倒，反而更鼓足了他永往直前的勇气。当好心的李县委劝说他时，他说："北京在地上，只要我的毛驴不倒，一直走下去，就一定能到北京。"瞧，库尔班大叔的执着少不了小毛驴的功劳。

和田市广场上的毛主席与库尔班·吐鲁木塑像

两轮·三轮·四轮

20世纪七八十年代，新疆人都有这样的记忆——农村人赶着毛驴车去巴扎串亲戚；城里人则是想方设法地找自行车票，然后东拼西凑买辆"永久"或者"凤凰"，骑车经过那些坑洼不平的路时，颠簸着，也心疼着。到了80年代末，经济条件好的人家把自行车换成了摩托车，出远门时可以来个"大提速"。

而大多数的人，出门还得挤交通车，农村县乡之间的交通车，或者城市里的公共汽车。无论在新疆的农村还是城市，都有个难题——车少，人多。车一来，人家蜂拥而至，先挤上班车的人打开车窗，有人为了抢先，甚至会从车窗爬进车里。车门那里总是出现后面的人把前面的人推进车的情景。所以，那时的班车经常是超载的，三四十座

喀什市骑摩托外出的青年人

的车，塞个七八十人都不成问题。

20世纪90年代后，车辆更新变得更快。北京212吉普车先后被进口或合资的"巡洋舰""桑塔纳""北京213"替换，后来又有了奥迪、丰田等高级轿车。新疆的客运、货运车辆也很快从单一的"解放"牌，变成考斯特、金龙、福田等豪华型快客。

如今，出远门可选择飞机、火车，还可以乘坐豪华大客车，县市之间可以坐中巴、出租车，到乡村有班车、公交车。火车六次大提速，出租车招手即停，客车四通八达，车上有空调、电视，坐在四季如春的车里，看着路边宜人的风景，在美妙的歌声中安全地回家。越来越多的新疆人买了私家车，开车上下班、谈生意、朋友聚会，不亦乐乎。

新疆交通工具的更新换代，让各族百姓品出了昔日清贫日子的苦涩，倍加珍惜今天幸福生活的甘甜。

交通建设的"新疆速度"

改革开放以来，新疆交通从起步到快速推进，用"新疆速度"筑就了前所未有的新面貌。

1978年，新疆交通建设开始起步，那时的公路总里程只有24000公里。其中，黑色沥青路面只有5800公里。除国道312、314线为沥青路面外，其他国省干线公路大部分以砂砾路面为主。全疆只有

41600辆汽车，远不能满足经济社会发展需要。客运班线只通到县，绝大多数乡镇不通客运班线。货运车辆更是严重不足，难以满足货物运输的需要。改革开放后的10年里，新疆的公路建设主要靠国家投资，公路建设资金累计约4.7亿元。

1988年到1998年这10年里，新疆交通建设总投资完成达80亿元，是前10年的17倍。

1999年起，西部大开发的10年里，新疆交通有了跨越式的发展。公路总里程达到14.7万公里，州市首府城市通达二级以上公路，88个县市通达三级以上公路。这一时期，成为新疆公路建设史上投资规模最大、发展速度最快、建设质量最好的时期。公路上奔驰着各种各样的客车、货车、私家车，公路沿线也建起了各种热闹的市场，农副产品批发、活畜交易、客货交通运输……一个个县城和村庄也活跃了起来。

2010年，在中国所有省市区里，《新疆交通运输"十二五"发展规划》是第一个报到交通运输部的。新疆人用了半年时间干了两年半的工作，吃3（小时）、睡5（小时）、干16（小时），用拼了命、豁出去的气概硬争回来这个第一名。

因此，2010年成了新疆有史以来基础设施投入最多的一年，公路、铁路、机场等交通建设项目呈几何数增长。

2011年，新疆确定了未来5到10年的交通建设发展目标。力争用5到10年的时间，把新疆由国家交通网络末端，建成中国西部高速大通道和交通枢纽中心。

天山内弯路

2011年3月9日,自治区农村公路"畅通富民"工程在和田市启动,计划投资30亿元,建路6350公里,解决120万农牧民的通行问题。"要想富,先修路"不再是口号,新疆农村的交通环境一天一个样,乡村文化因为开放而增添了新的内涵,城与乡的距离在一点点地缩短。

2011年4月12日,在全疆各族人民的翘首期盼中,新疆11条高速公路项目在同一天以简朴的形式开工,拉开了2011年交通建设大会战的序幕……

2011年,新疆交通建设完成投资355亿元。果子沟大桥等一批大通道重点工程投入使用,为国际口岸运输发挥了巨大的支撑力。

2012年被新疆确定为"交通运输民生建设促进年"。新疆交通运输完成投资376亿元,建设通道里程3235公里,干线公路建设里程2803公里,建成了星星峡—吐鲁番二期、大黄山—奇台等4条高速公路,新藏公路新疆段改建整治工程、准东大井矿区—奇台公路等10条干线公路。

相信在不久的将来,新疆天山南北将遍布快捷、方便的交通网。

发展建设中的乌鲁木齐城北区域交通——头屯河收费站

شىنجاڭ 活力新疆

边疆城镇焕新颜

城市化是人类社会发展的必然趋势。当一座城市建立了良好的就业、居住、生活、文化和生态环境，塑造了开放、包容、多元且充满活力的品格，身居其中的人们也必然能享受到现代化的幸福生活。

60载岁月的神奇之手，把新疆荒无人烟的戈壁滩，点化成了星星点点的绿洲。在这100多块绿洲之上，集中分布着大大小小的城镇。新疆城市面貌的变化，不仅创造了商机、带来了财富，而且凝聚了民心、改善了民生。城市化让新疆各族人民的生活更加舒适。

星罗棋布的大城小镇

从飞机上俯瞰新疆，一定会感慨不已。一望无垠的戈壁滩，熠熠闪光的天山群峦，时断时续的塔里木河，依稀可辨的村庄公路，影影绰绰的烟塔厂房，千姿百态，一览无余。最令人惊喜的就是巨幅画卷中的"绿"。绿洲之间依然是成片的沙漠和戈壁。或大或小的绿洲上，散落着新疆的大城和小镇。

克拉玛依——九龙潭

人类自古就逐水草而居。新疆的城镇也都是依绿洲而建，主要分布在天山南北麓、阿尔泰山南麓、昆仑山北麓，沿着铁路和公路、国道扩散开来，形成点、线、带相结合的城市网络骨架。

石油工业的发展，使新疆的城镇分布不再局限于自然绿洲。继绿洲农业型城镇后，渐渐有了工矿型城镇。随着油气的喷流，一座座花园般的绿色城镇出现在沙漠戈壁上。伴着石油开发节奏的不断加快，新疆的城镇空间结构出现网络化的发展趋势，城镇发展逐步走向现代化。

新疆的城市彼此间的平均距离较远，平均8.5万平方公里以上才有一个建制市，平均0.9万平方公里以上才有一个建制镇。首府乌鲁木齐与其他城市的平均距离达500公里以上。这500公里的平均距离，是经过新疆几代人的艰苦奋斗才压缩而成的。60多年前，偌大的新疆只有乌鲁木齐这一座城市。

1949年，新疆城镇人口只有53万人。迪化，也就是现在的乌鲁木齐，是当时唯一一个设市建制的城市，仅有9万人口，其余城镇的

乌鲁木齐不同时期的标志性建筑——中天广场（右）和时代广场（左）

人口都不超过 3 万。1955 年新疆维吾尔自治区成立时，新疆只有乌鲁木齐、喀什和伊宁这 3 座城市。

为支援新疆建设，大批人口从中国的天南地北来到这里。1949 年到 1953 年，进入新疆的部分中国人民解放军部队和起义部队陆续转业，组建了生产建设兵团。全国各省市支援边疆建设的知识青年大约就有 33 万。

这期间，新疆的农牧业、工矿业以及文化教育发展较快，重点建设乌鲁木齐、石河子、克拉玛依（包括独山子）等工矿城市 1958 年到 1960 年的三年里，大量农民从农村涌向城镇。新疆城镇人口从 53 万人增加到 180 万。

在三年困难时期，新疆的城市化发展进入低谷。1963 年，城镇化率跌破 20%。

1966 年到 1976 年这 10 年里，国家对新疆的能源等重工业的投入较大，主要投向乌鲁木齐、石河子等城市，有力地推动了新疆的城市化。1976 年，新疆的城市增加到 7 个，城镇人口超过 270 万，城

五家渠市一景

镇化率达到 22.8%。

改革开放以来，新疆城市化稳步上升。越来越多的小镇发展为"城"，建起了规模不一的百货商场、人民公园和体育馆。越来越多的老百姓成了"城里人"，生活就这样悄悄的发生了可喜的变化。

1979 年，库尔勒市成立；20 世纪 80 年代，新增 8 个县级市，即吐鲁番、昌吉、博乐、塔城、阿勒泰、阿克苏、阿图什、和田。20 世纪 90 年代，阜康、米泉、乌苏实行了县改市；进入 21 世纪，增加了五家渠、图木舒克和阿拉尔市 3 个市。2007 年，米泉市撤销，和乌鲁木齐市东山区合并成立乌鲁木齐市米东区。2012 年，阿拉山口市和铁门关市成立。

至此，新疆共有 24 个城市，包括地级城市 2 个（乌鲁木齐和克拉玛依），县级城市 22 个（含兵团城市 6 个）。其中特大城市 1 个，即乌鲁木齐；中等城市 7 个，包括克拉玛依、石河子、哈密、昌吉、伊宁、库尔勒、喀什。22 个县级城市中包括 6 个兵团城市，分别为石河子、五家渠、阿拉尔、图木舒克、北屯和铁门关。

这 24 个城市，有的已年过花甲，有的才刚满周岁。然而它们都洋溢着青春的活力，散发着勃勃的生机。只有拔地而起的高楼、树木上的年轮无声地诉说着属于某座城市的特殊回忆。城中的人，无论是原著的居民还是来自异乡的奋斗者们，都在为城市的美好而挥洒着自己的汗水，辛勤地添砖加瓦。

舒适的居住环境

解放初期的新疆，城市面貌暗淡无光。

1978 年改革开放以来，城市装点更加美丽，城镇基础设施建设更加完备，城市功能越来越完善。路宽了、车多了、灯亮了、水清了、景美了、绿色多了。老百姓欢喜地发现，自己住的地方一天一个样儿。

有路就有公交车

1953年,乌鲁木齐市第一条公交线路——8路车开始在新华北路营运。20世纪70年代,乌鲁木齐的新华路、黄河路、友好路、北京路等交通主干道已经成型。那时的公交车是红色铁皮车,上车、下车都能听到售票员摇铃铛。

1985年,乌鲁木齐市新开辟了31条公交线路,新添了159辆"大通道"车。这种两截式的"大通道",有14米长,设4扇门和33个座位,能容纳140个乘客。赶上高峰期,一辆车能塞进200人。每到一站,三个售票员同时扯着嗓子报站名,提醒乘客买票。1992年,是大通道的辉煌时期,乌鲁木齐的主要公交线路上,一共有302辆大通道在忙碌着。曾经功不可没的"大通道",陪伴着乌鲁木齐市民走过了20个春夏秋冬,终于在2005年的冬天"光荣下岗"了。

到2010年底,乌鲁木齐共有135条公交线路,基本实现了"有路就有公交车"。现有公交车3900多辆,每天有220多万人次乘坐公交车出行,占全城总出行人次的三成还多。公交车的档次也越来越高,空调车、无人售票车等超过了30个种类。外形美观大气,车窗宽大敞亮,内饰漂亮实用,人们乘坐起来更舒适了。

可是不久,新疆的很多城市先后得了堵车的"城市病",让交通部门很是头疼。昌吉、库尔勒、阿克苏、喀什等地州城市也不例外。各城市纷纷采取了多种缓解交通压力的手段,延长城市公交线路、增设公交站台、建地铁、引进BRT(Bus-Rapid-Transit,快速公交系统)。

2011年8月28日,乌鲁木齐首趟BRT快速公交车开始运行。不少私家车主,变成了BRT的忠实拥护者。从前,每天开车上下班,堵车、费油、心急如焚。现在,上下班都直接乘坐BRT,不用担心堵车,不用抢座位。冬天坐在BRT里,暖暖和和的。节假日出市区,或者

乌鲁木齐BRT1号线儿童公园站

自驾旅行时才开自家的车,更是省油、省钱、省心。

每天有362辆BRT在4条线路上循环行驶,日均载客量45万人次。BRT快速公交车仅占用了3%的城市道路资源,却输送了乌鲁木齐总客运量17%的乘客,有效地满足了大多数乘客的出行需求,尤其是切实解决了寒冬时节群众乘坐公交出行的保暖问题,成为中国城市地面公共交通的典范。乌鲁木齐的BRT因此荣获了2012年中国人居环境范例奖。

如今,新疆大大小小的城市公交发展得非常迅速。公共交通基本满足了人民群众安全、便捷的出行需求。

城市变美了

几十年前,新疆的很多县城不能称之为"城"。"一条马路三盏灯,一个喇叭全县听",这句话一点儿也不夸张。一排排灰头土脸的房子,一条条尘土飞扬的土路,一幢幢只有三四层的小楼,小楼密集

温泉县一景

的地方可能就是一个县城最繁华的片区。

可是如今,在新疆的大城小镇,一栋栋楼房错落林立,大大小小的酒店、旅馆随处可见。宽阔干净的马路上车水马龙、人流如织。柏油路两边是铺着水泥砖的人行道,绿树掩映、花香草绿。城镇基础设施都很齐备,就连路灯、垃圾桶等也充满了设计感。

随着城镇化步伐的加快,新疆城市的绿意渐浓。到2011年底,新疆城市建成区的绿化覆盖率达到33.9%,建成区绿地率30.4%,人均公园绿地9.54平方米。全疆范围内,一半的县城都是园林城市。乌鲁木齐、克拉玛依、石河子等城市的园林绿化工作尤其突出。石河子、库尔勒、布尔津等12个市县被授予"国家园林城市(县城)"。

2012年,由全球战略经济发展委员会、世界城市世界企业研究会等机构联合推选的2012年度中国特色魅力城市200强中,新疆有6个城市上榜,分别是乌鲁木齐、克拉玛依、吐鲁番、伊犁、库尔勒、和田。

新疆的城市越来越美。每个城市都在建设和发展的过程中,越来越注重自身的风格和特色。为了进一步提升城市文化品味,昌吉市启

克拉玛依——九龙潭景区

用并推广市树、市花、市标；伊宁市一年四季处处飞花，因此"花城"的美名响遍大疆南北；塔城地区的和布克赛尔县，在城市建筑中融现代蒙元文化特色、民族特色和现代风格于一体；阿勒泰市依山傍水，构建山、城、河、树交融的城市景观格局；阿克苏市多年来一直努力打造水韵之城，荣获"国家森林城市"称号。

繁华的现代都市

每个城市，无论大小都有自己独有的形象气质。新疆85个县市，有85种城市面貌，每座城都会给人留下与众不同的印象。

混血之城乌鲁木齐

乌鲁木齐，从何说起呢？

像旅游宣传材料一样，说乌鲁木齐在蒙古语里意思是"优美的牧场"？像地理教材一样，说乌鲁木齐是世界上离海最远的城市？似乎都过于单调和雷同。

从鲤鱼山上眺望乌鲁木齐,远处的雪山肃穆而宁静。

乌鲁木齐，近代的名片是军事重镇和流放之地。

因为，乌鲁木齐确实很远。

这座城离海洋有多远？东至太平洋2500公里，南去印度洋2200公里，西距大西洋6900公里，北离北冰洋3400公里。

这座城离中国的其他名城有多远？距离北京2800公里，需要飞3个半小时；距离上海3500公里，需要飞5个小时；距离广州3836公里，需要飞5个小时。

沧海桑田，时过境迁。如今，乌鲁木齐有太多的标签，新疆维吾尔自治区的首府、中国向西开放的重要门户、新欧亚大陆桥的西部桥头堡、汇集东西方文化的中亚名城。

乌鲁木齐不是高高在上的，更不是遥不可及的。无论空间的距离有多远，只要把乌鲁木齐放在心里，她就会把她所有的美好献给你。

1949年以前，乌鲁木齐市区面积不足10平方公里，人口不足10万，如今，艳阳之下的乌鲁木齐，天空湛蓝，绿树摇曳。拂面而来的风清新干爽，带着乌鲁木齐特有的香气。在市区里，时不时都能望见东北方向的博格达峰，终年不化的冰川积雪闪烁着银光，酷似一个硕大的冰激凌。闹市区里，高楼林立，车流如织，人头攒动，大型的商场超市、豪华的星级酒店、休闲广场、公园……所有中国其它省份现代化城市有的这里都有。小街小巷里，小饭馆、小商店、小市场，少了繁华与喧闹，多了简朴和清净，却是那么富有生活气息。

乌鲁木齐是座现代化的城市，她的建筑当然能走"摩天"路线，用霓虹灯和玻璃幕墙装点浮华，用钢筋搭建水泥森林。所以这些年，乌鲁木齐的楼越长越高。海德、银都、新融、中泉这样百米左右的高楼，也得仰望229.99米的中天广场，这可是目前中国西北乃至中亚地区最高的建筑。

乌鲁木齐是多民族聚居的城市，当然能以"特色"和"风情"引人注目。汗腾格里清真寺、洋行寺、南大寺这些标志性的建筑，有着浓郁的伊斯兰风情；国际大巴扎的每一块砖都是特制的，特意烧成塔里木沙漠的颜色，就像一个巨大的堡垒；二道桥南梁老街民居的雕梁画栋，散发着古希腊式的犍陀罗艺术遗风；米东区的古牧地路、稻香路、米泉路、万和街，遍布融入"稻香文化"的回民建筑。

建筑是凝固的艺术，人是流动的风景。在乌鲁木齐的街头，随处可见有着异域风情的面容。漂亮的维吾尔姑娘，帅气的哈萨克小伙，长袍短褂的国外客商，高鼻深目、明眸善睐的异域风情……构成了乌鲁木齐独有的视觉冲击和品位感受。

沿着商业街走过，耳边交替的是传统音乐、本土维吾尔原创流行音乐、内地流行音乐、港台流行音乐、土耳其流行音乐、中亚流行音乐和西方流行音乐，陶冶着行人的听觉。在一个个大商场门前，维吾尔最传统的吹鼓手在吹奏、表演。天南地北的口音、世居民族的语言、叽里咕噜的外语，乌鲁木齐真是具备了学语言的最好环境。

置身于这座城，眼睛、耳朵都会有强烈的冲击感，鼻子也不例外。乌鲁木齐的大街小巷充斥着各种香味，公园广场的花香味、林带绿地

红山公园

的草香味、美人妆容的粉香味、馕饼的五谷香、抓饭烤包子的肉香味，几乎要被这些香味熏醉了。当你真的开始用舌尖感受乌鲁木齐特色美食时，再次惊讶于餐饮也可以如此的多元和混血。在乌鲁木齐，能品到清真风味的美食，也能尝遍八大菜系；能吃到日本料理和韩国烧烤，也可以优雅地享用西餐。

外地朋友来新疆做客时，还要带他们去乌鲁木齐的歌舞宴会厅坐坐，品尝新疆独具风味的美食，欣赏新疆风情的民族歌舞。看到外地朋友脸上的陶醉，新疆人便不由得心生自豪。或者，还可以去夜市。中国最有气氛的夜排档，可能就在乌鲁木齐了。一排排，一片片，路边、店前、棚里，耀眼的灯光，卖力的吆喝，烟熏火燎，热气腾腾。几米长的大铁炉、半人多高的沙玛瓦尔水壶、半米多长的烤肉钎，滋滋直冒的烤肉油掉进碳火里窜起的火苗，这阵势，这感觉，唯独乌鲁木齐有。

都说北京大气，上海洋气，想要找出一个词来描述乌鲁木齐，还真是很难。沈苇，一位至今仍在乌鲁木齐生活的诗人，虽出生于江南水乡，但诗歌界认为他进入了新疆大范围的文化混血，所以是新疆最有代表性的诗人。在沈苇心里，"乌鲁木齐或许不像北京那样是一个文化强势的城市，但是世界上没有一座城市能够在文化上像乌鲁木齐这样多元化。我深深地迷恋着这座城市，它具有真实的一面，而更多的是它充满魔幻现实主义的一面，就像梦想一样。"

乌鲁木齐，混血之城，混杂着不同民族的血脉，混杂着阳光和冰雪的气质，像万花筒一般，绚丽缤纷，兼容并蓄，让人痴迷。

丝路重镇喀什

喀什，地处欧亚大陆腹心地带，丝绸之路上的千年古驿。1952年10月设市，是南疆交通、经济、政治、文化的中心之一。2010年5月，喀什成立特殊经济开发区，由深圳对口支援，"南有深圳，西有喀什"的美谈响彻祖国南北。勤劳的喀什人民辛勤地建设着这片热

喀什老城

土,使她日益散发出无与伦比的魅力。

喀什这座城有鲜明的新老分界。新城满是繁华与现代;老城尽是古老与历史的记忆。

喀什老城就是一部沉淀的历史。老城像个迷宫,穿行其中十有八九会找不着北。随着家族人口不断繁衍增多,智慧的维吾尔人便在原有的房屋上,加筑一层甚至两层。沿高台边向上延伸,甚至建有七层楼、十几间房舍的家户。经年累月,房屋充分利用地形和空间,错落有致,就像叠罗汉一般,形成了"过街楼""楼上楼""楼中楼"等景观。

这种独特的建筑形式就叫做"高台民居",当地的维吾尔族居民称为"阔孜其亚贝希巷",意思是"高崖上的土陶"。虽然空间使用合理,颇具创造性,但存在很大的安全隐患。老式的土木结构,巷弄狭窄、居住环境拥挤,既没有消防疏散通道,又不抗震。

2009年,喀什启动了老城翻新工程,耗资30亿元,在原址原样

喀什高台民居

重建民居，建造能够抵抗地震的住房。新的高台民居，外"旧"里新。从外部看，依然是土黄色的砖墙，可院子里整洁而气派，院墙、地面、楼体全部贴有洁白的瓷砖。在居住区里，依然有着曲里拐弯的小街小巷，四通八达，分布着许多传统工匠作坊，烘烤馕的、刺绣、制帽、做乐器、制作土陶用品、制作传统艾德莱丝绸布料等等，各种维吾尔民间手艺在这里代代相传。

老城的核心区有4条特色旅游街巷，沿街300多户居民发展特色餐饮、手工业、民俗展示、家居游等。在喀什最有名的古街吾斯塘博依街上，独具民族特色的手工艺品店、裁缝店、土陶店铺、铁匠铺、乐器坊，融入传统民族特色的铜壶、陶器、铁具、乐器、花帽、服饰等手工艺品吸引着南来北往的游客。

而在繁华的新城，街道纵横交错，高楼鳞次栉比，人流如织，车水马龙。气派的商业广场和步行街，透着现代化的商业气息。穿城而过的吐曼河、克孜河，让喀什灵动起来。东、南、西、北四个湖遥相呼应，公园绿树成荫、花团锦簇。人民广场高高矗立着的毛主席塑像，雄伟壮观、气势恢宏，是这座城市历史记忆的亮丽风景。

飞机的轰鸣声、火车的汽笛声、汽车的喇叭声、大钟的报时声、阿訇空灵悠长的召唤声、美食街的吆喝声、手工艺街的敲击声、小巴郎的嬉笑声……各种声音在喀什这座古老与现代并存的城市里此起彼伏，丰富但和谐，宛如一曲动听的交响乐。

喀什，这块得天独厚、人杰地灵的宝地，就是这么令人心驰神往。

生态城库尔勒

"天鹅又飞回来啦！"库尔勒市的老百姓们欢喜地迎接贵宾的到来。

初春的库尔勒，100多只在孔雀河过冬的天鹅，自由穿梭在库尔勒的楼宇之间，成为这座城市最美的风景。库尔勒的园林部门专门设立的天鹅护卫队，全天候保护这些圣洁的仙鸟。天鹅们或飞、或游、或走、或卧，自由自在地嬉水、觅食，千姿百态。等春暖花开时，天

国家级园林城市库尔勒

鹅们又会溯流而上，赶去巴音布鲁克天鹅湖避暑。库尔勒市因孔雀河而灵动，天鹅让孔雀河有了活力。

库尔勒市值得一说的，绝不仅仅是天鹅。

不知道"库尔勒市"和"库尔勒香梨"究竟哪个更出名，应该是相得益彰吧。库尔勒市是新疆仅次于乌鲁木齐市的第二大城市。库尔勒香梨是新疆唯一能够进入美国、加拿大、澳大利亚等高端国际市场的出口水果。

"库尔勒"是维吾尔语，意思是"眺望"。登上库尔勒东北角的龙山，眺望这座城市，到处是苍翠的柏树。漫步在库尔勒的街头，现代化建筑鳞次栉比，果树草坪临街四布，公园花团锦簇，雕塑造型各异，霓红灯五光十色，一派现代化大都市的风范。

其实，几十年前的库尔勒还是一个乡土气息很浓的边陲小城。塔里木河石油开发全面启动，与之毗邻的库尔勒也迎来前所未有的发展

库尔勒孔雀河里的天鹅

孔雀河畔的璀璨明珠

机遇。塔里木石油指挥部设在库尔勒市,全面带动了这座城市经济社会的大发展。

为把库尔勒建成新疆第二大城市、南疆中心城市,库尔勒的城市建设快速推进,并且形成了自己独特的风格。库尔勒的城市建设结合历史、地缘、经济、人文等特点,融现代欧式风格与多民族风格为一体。既注重石油文化,又注重整体和谐,成为中国西部一座特色城市。

库尔勒市是一座因水而灵动的城市,水景非常迷人。30多年前的一条普通的河流,变成了现在风情万种的孔雀河。还有人工渠库塔干渠变成了现在的杜鹃河,东山绿化二号泵站引水变成了白鹭河。灌溉、净化空气、改善气候、美化市容市貌,一条条河无声地滋润着这座塔里木沙漠边缘的城市。

2012年,库尔勒市启动了孔雀河、杜鹃河、白鹭河"三河贯通"工程。"三河贯通",不仅仅是简单地把三条河纵向连接起来,实际上起到

了均衡城市发展、扩大经济效益、提升城市品位、改善生活环境的作用。不久，人们可以坐船穿行在老城和新城之间，通过每个"泊岸"随时下船购物、品尝美食、欣赏各处美景。除了乘船以外，还可以骑自行车穿行在河岸边，还可以漫步在河岸两边的林荫道上。春天，人们在河边的广场上放风筝，欣赏"千树万树梨花开"的美景；夏日炎炎时到河边漫步乘凉；金秋时节，硕果累累，全城飘着沁人心脾的梨香。

山水交融，生机勃勃。在库尔勒市，人人都对美丽的家园无比喜爱和自豪。在笔者的同学和朋友中，有很多出生于库尔勒，每当他们提起自己的故乡，自豪之情溢于言表。四面八方的宾客也对这座城市发出由衷的赞叹。

特色的小城镇

新疆的小城镇有自己独特的地域特点、民族特点和文化特点，表现出了鲜明和跳跃的城镇形象，散发着有别于其它地区城镇的魅力和风情。

沙漠绿洲石河子

石河子，比共和国小一岁的城市。

第一次踏上石河子，人们都会为她大片大片的绿色而惊讶。满眼都是醉人的绿，甚至会让人瞬间恍惚，怀疑自己是不是在温润秀美的江南。

在城市建设之初，三代军垦人在极其恶劣的自然条件下，创造了人进沙退的世界奇迹，开垦出中国西部最大的一片绿洲。这座敢于创造奇迹的城市，曾经生产出新疆第一块方块糖、第一根棉纱、第一根毛条。

中国著名诗人艾青，曾在石河子工作生活过16年。他为石河子

石河子市景

写下了这样的诗句:"这里的一草一木,都由血汗凝成……"

老一代军垦人"宁可旱死三亩田,也不渴死一棵树",精心栽种每一棵树。城市建设也按照"先栽树后修路、以树定路、以树定规划"的思路来开展。苍凉的荒原上终于有了星星点点的绿,先成线,再成片。成片、成林、成带的白杨、胡杨、白榆、沙枣等各种树木郁郁葱葱,形成了一道道层次分明、错落有致、功能各异的生态屏障,曾经干涸的荒漠终于变成了温润的绿洲。

石河子市的道路林网非常密,凡是有路的地方就一定有树。这里的树多,绿地多,广场和公园也非常多。公园、广场、庭院绿化,乔、灌、藤合理搭配,全城景观充满了干旱区绿洲城市的独特风格和军垦城市的森林特色。市区居住区与工业用地之间,设置了157米宽的绿化隔离带,有效地缓解了风沙,为市民的生活与工作提供了良好的生态环境。

石河子的绿是全民参与的。市民们植绿、护绿、爱绿的积极性

坐落在石河子市的新疆兵团军垦博物馆

相当高。全市还开展了认建认养绿地活动。目前,石河子绿地率达36.7%,森林覆盖率达35%,人均公共绿地达到12.1平方米。

石河子市先后荣获"国家园林城市""中国优秀旅游城市""全国绿化模范城市""全国创建文明城市工作先进城市"等称号。

恶劣的自然条件凸显良好生态环境的来之不易,石河子因此曾荣获联合国"改善人类居住环境良好范例城市"迪拜奖、首届"中国人居环境奖"等众多荣誉。

荒漠奇镇罗布泊

罗布泊,位于塔里木盆地的最低处,曾被称为"死亡之海"。

历史上,罗布泊曾是一片生命的绿洲。物产丰富、景色宜人,养育了包括楼兰文明、米兰文明、小河文明等众多的文明,是古代中西方文明交流、多民族交融的重要区域。当时西域三十六国之一的楼兰国,人口众多,颇具规模。然而,楼兰国神秘离奇地消亡了,至今原因不明。

20世纪70年代以前,罗布泊还是中国的第二大内陆湖,碧波粼粼,绿林环绕。可后来,塔里木河流量减少,周围沙漠化严重,罗布泊迅速退化,到70年代末完全干涸。

如今的罗布泊,是一片寸草不生的戈壁滩,到了夏天,气温最高时有71℃,没有任何飞禽敢穿越这片荒芜寂寥的沙漠。广袤无边的干涸湖盆,剧烈起伏的盐壳层、风成沉积物,像是诉说着对昔日富饶和繁华的追忆。

2002年1月23日,新疆罗布泊镇成立,隶属于若羌县。

罗布泊是新疆第一大镇,也是中国第一奇镇。何为大?罗布泊镇的面积有5.2万平方公里,超过浙江全省的面积。何为奇?罗布泊镇可以说是中国最小的镇,所谓的镇其实只有一排前后不过百米的小房子。镇政府是一栋二层小楼,周边有个小加油站、两家小餐馆、两个小超市、几家修车铺,这就是建镇时所有的风貌。

罗布泊镇辖4个自然村,分别是罗布泊村、楼兰村、红十井村、

罗布泊为中国最大的钾盐生产基地

红柳井村。建有派出所、武装部、广播电视站、卫生所。全镇的总人口 4000 多人，主要集中在罗布泊村。

在罗布泊建镇，是为了开发这里的钾盐资源。罗布泊的钾盐储量丰富，分布广泛，钾盐资源分布面积 1470 平方公里，钾盐资源潜在价值十分巨大，完全具备成为中国最大钾盐生产基地的资源潜力。罗布泊湖地没有淡水，就是因为土壤里含盐分太高，生物无法存活。

十年过去了，罗布泊镇正在向现代化的工业城镇努力前行。

八卦城特克斯

说到八卦城特克斯，先从一位外地司机在这里的"奇遇"说起吧。

一位外地司机开的车严重超载。到八卦城后，他趁夜色选了一条自认为偏僻的道路，绕行到中心八卦文化广场附近，以此来避开可能遇到的交警。很快，借着灯光，他远远看到有一位交警在前面执勤，吓得赶紧调头。当他从其他路绕行，一看前面又有交警，他再次小心翼翼地从别的路绕行，这次绕的路更长、圈更多，绕了很久还是能看到前面有交警。他不信"邪"地继续绕，就这样一次比一次绕得远，一次比一次绕得多。可怜的司机整整绕了一夜，连他自己都记不清究竟绕了多少圈，最后筋疲力尽。第二天，他垂头丧气地给同行说起头一晚的"遭遇"，结果成了笑谈。因为，这位司机，整个晚上见到的就是县城中心八卦文化广场路口的那一个交警。

"糊涂司机"晕头转向的原因，是整个特克斯城没有一盏红绿灯。专家和学者研究认为，既然各道路条条相通、环环相连，这对一个县城来说不会发生交通堵塞。无论从哪个方向走，车辆和行人都能够到达目的地。1996 年，特克斯县城道路上的红绿灯全部被取消。八卦城成为中国唯一没有红绿灯的城市。

八卦城的道路为什么会条条相通、环环相连呢？

这座体现易经文化内涵和八卦奇特奥秘思想的县城，以中心八卦

特克斯八卦城

文化广场为太极的"阴阳"两仪,按八卦方位,以相等距离、相同角度,如射线般向外伸出八条主街。每条主街长1200米,每隔360米设一条连接八条主街的环路。由中心向外,依次共有四条环路,其中一环8条街、二环16条街、三环32条街、四环64条街。这些街道按八卦方位形成了六十四卦,充分地反映了64卦386爻的易经数理。为不让人们迷路,各街道都设置了方位说明牌。

登上八卦城中心50多米高的观光塔,鸟瞰特克斯城二环路以内的景色,青灰色的街道,纵横交错的绿地,宛如一个八卦勘盆。

这么奇特的八卦城,是在南宋时期建成的,1230年,应当时的蒙古可汗成吉思汗的邀请,道教的龙门教教主丘处机设计了八卦城。1992年,一个风水大师,也是丘处机的后人,对这个城市进行了改建,形成了现在的面貌。如今,特克斯城已经成为中国研究城市走向风水的一个重要历史性的标志。

童话城布尔津

布尔津,新疆最北端的一座小县城,是中国西部唯一与俄罗斯交界的县。

布尔津,是离人间仙境喀纳斯最近的县城。凡是去喀纳斯的游客,都要在布尔津逗留至少一晚。第二天起个大早再赶去喀纳斯。这一晚,一定会被布尔津的魅力所吸引。因为小镇充满了浪漫气息,欧式风格的建筑、浓郁的俄罗斯风情、当地哈萨克族的民俗、络绎不绝的游客……一切都荟萃于布尔津,如梦如幻,使人流连忘返。

布尔津的街道景观规划设计别具匠心,街道两侧的建筑高低搭配,前后错落有致,街道的线型空间丰富多彩,富于变化,构成一个和谐的整体。小城的建筑物十分注重突出造型、色彩和高度的变化,求同存异,各显特色;充分利用一些标志性建筑、雕塑和建筑小品,打造独特的欧陆建筑风格,精心塑造布尔津县"温馨、浪漫、美丽"

布尔津的河堤夜市,到了夜晚,这里便会熠熠生辉。

的城市形象。

在布尔津的街头漫步，一幢幢卡通造型的小楼，让人以为自己误入了童话城堡。罗马立柱、花案浮雕、低矮的栅栏、鲜花绿草，全城洋溢着温暖甜蜜的气息。这些小楼就是布尔津的酒店和宾馆。不到5平方公里的城区里，有100多家大大小小的宾馆，其中有4家四星级宾馆，床位则有12000张之多。但到了夏秋的旅游旺季，布尔津仍然一床难求。在布尔津县，百公里范围内拥有2座机场，1条铁路和4条国省道穿城而过。走和留都如此方便，却让每个到布尔津来的人都不忍离去。

夜色阑珊之时，到额尔齐斯的河堤夜市吃烤鱼更是一大乐事。戴着高高的厨师帽的烤鱼师傅，脸上泛着红光，留意着过往的游客，手里却忙着在烤鱼上撒下调料。在炉火的拥抱下，各式各样的烤鱼滋滋作响，没有谁能抵挡得了诱人的香味，都要点上几条甩开膀子大快朵颐一番。

布尔津河堤夜市上的正宗俄罗斯老太太烧烤

吃饱了就逛逛夜市,消消食。夜市上摆满了小摊。琳琅满目的小商品,着实吸引人的眼球。华美的披肩、精致的铜镜、色彩鲜亮的套娃,都透露着俄罗斯式的温暖与美丽;古朴的砭石饰品、小巧实用的挂件、额尔齐斯河出品的彩色石头,都那么富有新疆的地方特色。

除了河堤夜市,布尔津还有很多地方都非常值得一游。白布津广场、疆域矿石馆、布尔津博物馆、融合民俗风情园、美食一条街,每处都十分光彩夺目。县城周边还分布着五彩滩、北疆海岸、白沙山、阿贡盖提草原游牧文化园等很多著名的旅游景点。

这样一座迷人的小镇,头衔可不少。布尔津曾获得"中国旅游强县""中国绿色明县""中国人居环境范例奖"等荣誉称号。布尔津的周边,更是有无论从哪个角度看都像是一幅俄罗斯油画的禾木、色彩斑斓的五彩滩、号称"银色沙漠"的白沙山等著名的旅游景点。在这么多美名和美景的包围下,布尔津一如既往的宁静、梦幻,默默地书写着自己的美丽童话。

活力新疆

在希望的田野上

农业兴则百业兴，农民富则社会稳。新疆土地肥沃，水草丰茂，宜农、宜牧、宜林。在独特的地理条件、气候条件、自然资源下，新疆农业形成了三个鲜明特点：绿洲农业、灌溉农业和机械化农业。

多年来，新疆加大棉花、粮食、林果、畜牧四大基地建设，特色农业优势愈发显著。一大批有实力的企业和上市公司大手笔参与优质农产品的生产、加工、贸易和技术服务，加快了新疆的农业产业化步伐。

维吾尔有句谚语，"金子出在地里，幸福出自汗水"。各族群众在广阔的大地上挥洒汗水，收获了幸福。天山南北回荡着动人的旋律，"我们美丽的田园，我们可爱的家乡，麦穗金黄稻花香啊，风吹草低见牛羊，葡萄瓜果甜又甜，煤铁金银遍地藏……"

种粮食的百万富翁

"我是农民的儿子，我对土地有着深厚的感情。"这句话，很多人都会说。然而能从三尺讲台转战到千亩农田，扛起锄头下地干农活的人，恐怕不多，这其中干出全中国9亿农民前300名的好成绩的，也许只有新疆伊犁新源县塔勒德镇的韩海线了。

1990年，韩海线自家的口粮地只有10亩。1997年，他从代课教师变身为种粮户。刚开始几年，国家对粮食没有收购政策。因为卖粮难，他种地亏了钱。2003年，国家敞开收购农民的粮食，还给各种补贴，这一年他家种了1200多亩粮食。2012年，他种的地已经达到3200亩。12年的时间里，种植面积扩大了320倍。这样的速度和规模，在中国也挑不出太多吧。

韩海线怎么就这么能干呢？他总结的经验就是，想种地就要起早贪黑，不怕辛苦，心思细腻，及时发现苗情旱情；另外，还要多学多问，相互促进，在别人总结的经验中吸取精髓。为了能种好粮、交好粮，步入中年的韩海线开始学电脑，上网学农业技术。对于韩海线来说，先进的农机设备才是生产力。现在他一个人就拥有7台（套）农机具。因为种粮技术远近闻名，很多农民兄弟都请教他怎么种粮，怎么准确把握浇水和施肥的时间。

韩海线种粮最大的动力归根于国家的惠农政策。国家免除了农业税，还有粮食直补、良种补贴和综合补贴，这三项补贴加起来，每亩地有200元。在这样的基础上，种小麦很挣钱。2011年，韩海线家的粮食产量是1456吨，售粮1200吨，年收入114万元。所以，2011年，韩海线就荣获了"全国种粮售粮大户"的称号。要知道，中国只有300人获此殊荣。奖品是一台价值十多万的大马力拖拉机，"奖"字的落款是"中华人民共和国国务院"。时任总理温家宝接见韩海线时说："有一年世界发生了粮食危机，其他国家粮食都在涨价，只有中国不涨。手中有粮，心中不慌，要感谢种地的农民。"韩海线觉得能为国家作贡献，他感到很光荣。

田间停放的摩托车，静静地守候着勤劳的主人的庄稼。

大农田

  韩海线和新疆的其他5位"全国种粮售粮大户",成了全疆农民的骄傲和榜样。作为中国最具有土地开发潜力、最具有增粮空间的省区,新疆对维护全国粮食安全具有非常重要的作用,并一直为建设成西北区商品粮基地和国家粮食战略接替区而不断努力着。

  新疆的粮食生产有如此重要的地位,也是经历了60多年的挥汗如雨,才有了芝麻开花节节高的发展成就。解放前,新疆粮食生产能力非常低下。

  1978年改革开放后,农村经济全面调整改革,粮食生产进入稳步发展时期。2002年11月开始,国家、新疆陆续实施了粮食直接补贴、小麦良种补贴、农资综合补贴等一系列惠农政策,农民种粮积极性空前高涨。2004年起,新疆全面推行粮食直补政策。这些惠民政策以及多项资金补贴,对保障新疆粮食安全、促进农民增收发挥了重要的作用。

  农业科技的推广和应用为新疆粮食生产提供了有力的支持。2005—2008年,新疆农业科学院建成了塔城、伊犁、泽普三个新疆小麦育种基地，5年来基地所在地区的小麦统一供种率成倍提升，种子质量发生了质的改变。该院选育和引进的21个小麦品种，近10年来播种面积占全疆小麦面积的50%—60%，目前累计推广面积超过7000万亩，按每亩增产小麦15公斤计算，新增产小麦10.5亿公斤以上，新增纯收益12.6亿元以上。

同时，新疆一直加强粮食生产高产创建工作，不断强化良种良法配套、节水灌溉、测土配方施肥和病虫害综合防治等实用技术，推广成熟技术和栽培模式。2010年，农业科研人员还在和静县一块50亩滴灌小麦中创造了新疆小麦亩产702.6公斤的最高记录。

创造世界纪录的棉花

2006年，新疆籽棉亩产突破600公斤。来自美国和以色列的两位棉花专家听到这个消息，专程赶到新疆，用当时最科学的棉花产量

机械收割棉花

测量方法重新测量。测出的结果比他们听到的 620 公斤还高出 40 公斤，竟然高达 660 公斤。要知道，国外农业发达国家籽棉的最高亩产当时不到 500 公斤。新疆棉花生产创造的新纪录，让两位专家惊叹不已。（由农民直接从棉株上采摘，棉纤维还没有与棉籽分离，没有经过任何加工的是"籽棉"；把籽棉进行轧花，脱离了棉籽的棉纤维叫做"皮棉"。）

纪录一次次被改写。2009 年，新疆棉花创造了每亩 806 公斤籽棉的世界纪录。2012 年，这个记录被再次刷新，新疆生产建设兵团一师十六团七连的一块超高产示范田，平均每亩收获了 838.31 公斤籽棉的惊人产量。这也是新疆农业科学院的最新科研成果，超出世界其他国家最高产量 100 多千克。

在新疆人看来，有这样的纪录并不稀奇。因为，从新中国成立之初，新疆就显示出了在棉花生产上的"天赋异禀"。

1950 年春，解放军第 22 兵团进驻玛纳斯垦区，撒下了棉种，当年便获得丰收。从此，玛纳斯垦区开始大面积种植棉花。1953 年，垦区的 2 万亩棉田亩产超过 200 公斤，创造了当时全国棉花单产的最

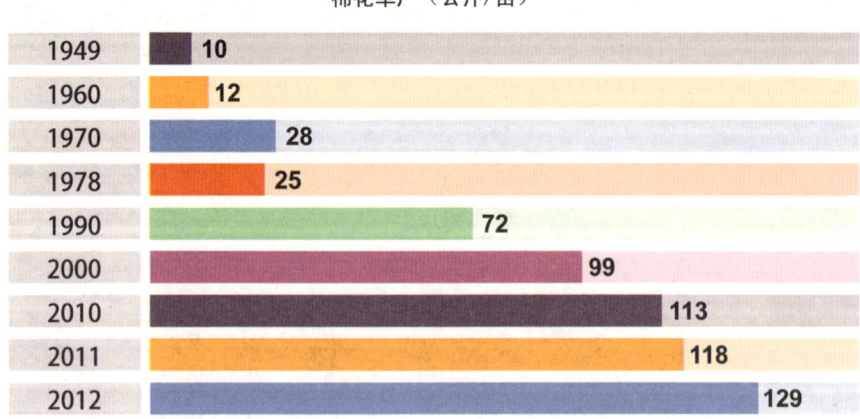

昌吉天彩棉纺织产品

高纪录。

1978年改革开放后，新疆棉花种植飞速发展，单产和总产年年创新高。目前，已形成叶尔羌河流域、塔里木河中下游地区、准噶尔盆地南缘三大优质棉产业带，生产了全区85%以上的棉花。

近年来，新疆与长江中下游流域、黄河流域并称中国三大产棉区，而且是中国最大的优质商品棉和国内唯一的长绒棉基地，有效地保证了国家棉花安全和棉纺工业需求。2012年，新疆棉花总产量完成318万吨，占中国棉花总产量的一半以上。到这一年，新疆已连续20年实现棉花种植面积、单产、总产和调出量中国第一。

多年来，新疆的棉花生产在"量"上稳中有升，也始终在追求"质"的提升。新疆的农业科技力量一直致力于提升棉花的科技含量和开发植棉新技术，平衡施肥、微机决策、节水栽培等技术已得到普遍推广和广泛应用。

除了普通的白色棉花之外，新疆还培育出了能在低温下正常生长的长绒棉,以及天然彩色棉花、有机棉等新品种。世界上最大的彩色棉花生产基地就在新疆,新疆彩棉占中国彩棉总产量的95%,占全球彩棉总产量的1/2左右。

甜蜜的瓜果

在新疆,传唱着这样一首充满了香甜气息的民谣:"吐鲁番的葡萄哈密的瓜,叶城的石榴人人夸,库尔勒的香梨甲天下,伊犁苹果顶呱呱,阿图什的无花果名声大,下野地的西瓜甜又沙,喀什樱桃赛珍珠,伽师甜瓜甜掉牙,和田的薄皮核桃不用敲,库车白杏味最佳,一年四季有瓜果,来到新疆不想家。"

能让你不想家的瓜果该是有多甜呢?

品尝瓜果的人,嘴里是甜的;收获瓜果的人,心里更是甜的。因为,各种果树已经成了新疆各族农牧民增收致富的"摇钱树"。

若羌,中国面积最大的县,相当于2个浙江,或3个爱尔兰,或10个科威特。

哈密瓜地

桑椹

在希望的田野上

杏子

石榴

然而，由于地处塔克拉玛干大沙漠腹地，每年大风、浮尘、扬沙等自然灾害会造成严重的旱情，若羌的梨、杏、桃、棉等传统经济作物不是减产就是绝收。农业发展面临前所未有的困难，农民的日子也不好过，若羌县不得已戴了很多年"国家级贫困县"的帽子。2001年10月，若羌县立足于自身独特的光热水土资源优势，确立了红枣产业发展战略。

20世纪70年代，红枣只种植在若羌县农家的房前屋后。80年代初，全县几千棵枣树，每年只产三五吨枣。直到2000年以前，若羌全县的红枣也只有14万株。

一棵棵红枣树种下去，一颗颗红枣摘下来。到2012年，若羌县共有19万亩红枣，总产量6.2万吨，产值13亿元。如今，若羌县的红枣产业红红火火，若羌县的老百姓红光满面。

若羌县的红枣可是很娇贵的。在无雨雪、无病虫、无农药、无化肥、无污染的天然环境下自然成长，所以，鲜枣的皮薄、核小、肉厚、色好、味佳、质脆味甜、风味特异，是纯天然的绿色食品。因为果肉有弹性、受压后能复原，贮藏运输都很方便。如果红枣在树上自然挂干，不需

59

新疆红枣，又称为"黄金寿枣"，补气养血，是新疆特有地理产品。

要任何晾晒工艺，形成了中国独一无二的树上吊干枣。

若羌县的红枣头衔很多，"中国红枣优质产品一等奖""中国（国际）首届枣业博览会灰枣骏枣金奖"等等，这也为若羌县带来了很多荣誉称号，"中国红枣产业龙头县""全国果菜无公害十强县"。于是，若羌为红枣成功申报了地理标志产品保护，还给红枣办了"身份证"——建立生产过程和枣农姓名等内容的长期销售档案。今后，消费者可通过追溯系统知道自己购买的每一箱，甚至是每一颗若羌红枣的"生日""出生地""父母姓名"等信息。

这么好的红枣，自然是供不应求。在若羌县当地收购红枣，每公斤大概需要50元；到了客商手里，按等级加工后，每公斤红枣最低能卖到150元。特级若羌红枣每公斤能卖到近400元。如此巨大的利润，全国各地的客商竞相奔赴若羌。2012年，3000多个客商到若羌县收购红枣，但真正收上红枣的大概只有2000人左右，其余都是空手而归。

2012年，若羌县吾塔木乡库尔贵村的枣农祝前进种植了16亩红枣，刚采摘下来还没来得及拉回家里，就被在田间地头收购红枣的客商看中了，总共卖了45万。浙江温州市从事干果经营的个体户李宏发，从2010年起每年都到若羌县收购红枣。他说："以前，我都在阿克苏、喀什一带收购红枣，自从品尝若羌红枣后，我就决定每年只到若羌县采购红枣。"2012 年他收购了 100 多吨红枣，拉回去进行包装销售，最后挣了 600 多万。

生产和加工的利润相差这么多，于是若羌县开始探索"龙头企业＋专业合作社＋基地＋农户"的产供销相衔接的机制。现在，若羌县红枣年加工能力达 4 万吨。全国最大的红枣交易市场就建在若羌。

经济效益丰厚，红枣带来的生态效益也十分乐观。若羌县 90% 以上的耕地都种了红枣，枣树摇曳，枣花飘香，成片的枣林改善了周边的生态环境，大风和浮尘天气明显减少。

在新疆，成为农民的摇钱树的又何止是枣树呢。

新疆具有发展特色林果业的得天独厚的自然环境。按资源条件评价，新疆与美国加州都是全球最适宜种植林果的区域。

新疆林果业的发展速度让人惊叹不已。目前，特色林果业已成为新疆农民致富的新的支柱产业之一。红枣、杏种植面积居中国首位，核桃种植面积居中国第三位，形成了吐哈盆地、伊犁河谷、天山北坡

轮台小白杏

以葡萄、红枣、枸杞、时令水果、设施林果为主的高效林果基地,南疆环塔里木盆地以红枣、核桃、杏、香梨、苹果为主的林果主产区。这些产区和基地组成了具有区域化特色的林果产业带。按照"一县一品,一乡一品"的原则,全疆已有"香梨之乡""核桃之乡""葡萄之乡""小白杏之乡""巴旦杏之乡"等10多个知名林果之乡。

新疆本地的农产品加工龙头企业在不断成长。中粮屯河、果业集团、冠农股份、香梨股份、乡都酒业、天海绿洲等,不胜枚举。目前,新疆有168家果品贮藏保鲜与加工企业,年贮藏保鲜与加工处理能力181万吨,实际贮藏保鲜与加工能力126万吨。新疆特色林果业的产业化经营水平不断提升,有力地推动了新疆现代林果业的发展。

在形成区域化布局和基地化生产的同时,新疆各色果品大量外销,在国内市场的销售额占到85%左右。全疆各种林果专业合作组织发展到近200个,10多万名农民经纪人活跃在林果产品流通市场,

葡萄熟啦

拓宽了销售渠道,拓展了市场空间。2012年,新疆投入2000万元打造"疆果东送"产销链条,加大农产品流通基础设施建设,组织农产品骨干企业进入区内外大型流通企业100家连锁网点,网点遍布全国大中城市,在北京、上海、广州、武汉、成都、长春建立了6个自治区级林果产品营销平台。连续举办3届的新疆特色林果产品(广州)交易会,还辐射到了华南、港澳台和东南亚地区。

库尔勒市香梨藏储基地

生产基地化、经营产业化、销售品牌化,新疆的特色林果产业就这样一步步脚踏实地走下去。

一批林果品牌叫响海内外。"库尔勒香梨""吐鲁番葡萄""英吉沙色买提杏""莎车巴旦木""叶城核桃""若羌红枣"等主要林果产品已获得国家地理标志保护产品称号,具备了通往国际市场的通行证。"阿克苏苹果""库车白杏"等11件地理标志证明商标在国家工商总局注册认证,受到法律保护。"库尔勒香梨"被认定为中国驰名商标,产品销往欧美、东南亚和港澳台地区。新疆吐鲁番地区、和田县被批准为全国绿色食品原料(葡萄)标准化生产基地和全国绿色食品原料(和田薄皮核桃)标准化生产基地。

种果树,是一条实实在在的致富之路、希望之路。果实缀满枝头,果香弥漫在果园上空,沁人心脾,层叠的绿叶阻隔了风沙,密匝的根系锁住了水土,连片的果园悄然地改善着当地的生态环境。

草原上的珍珠

对不在新疆居住的人来说,讨论最多的是新疆的烤羊肉好吃,因为有独特的调料孜然,更因为新疆的羊"吃的是中草药,喝的是矿泉水,走的是黄金道",这是指新疆羊的生活环境、随处可见的名贵的中草药、清冽甘甜的泉水,地下更是遍布黄金等矿藏。

然而,对新疆本地人来说,常常会玩笑般地争论哪里的羊肉好吃。有很多种版本,是阿勒泰金山银水中的羊?在哈密巴里坤草原上漫步的羊?还是阿克苏地区柯坪县吃着恰玛古长大的羊呢?其实,只要是新疆的羊,都是亚克西(好)。

来到天山南北的辽阔草原时,就会发现那雪白的羊群,犹如绿绒毯上的珍珠在滚动。因此,人们也把羊称之为"草原上的珍珠"。珍珠可是很名贵的,所以新疆的牛和羊可以上保险。

草原上的牛群

"我们家的14只羊被冻死了，损失达到7560元，保险公司为我们全部进行了赔偿。政策性保险真好，非常感谢政府和保险公司。"2012年，牧民努尔叶克·托力汗，为自家的56只羊购买了畜牧业政策性保险，每只羊的保费只有5元钱。在赔付兑现大会上，努尔叶克·托力汗家领到了7560元钱的赔付金。

努尔叶克·托力汗是吉木乃县的牧民，而阿勒泰地区吉木乃县只是新疆启动畜牧业政策性保险的三个试点之一。加上伊犁哈萨克自治州察布查尔锡伯自治县和昌吉回族自治州玛纳斯县，这三个试点县到目前共有10.47万头（只）牲畜参加了保险。

每只羊的保费怎么只有5元钱呢？因为自治区畜牧厅对每个试点县补贴100万元，主要用于保费补贴、工作经费补助等方面。同时，三个试点县县级财政也按比例对保费进行了补贴。如果一只羊按1200元计算，每只羊需要缴纳60元保险费，而农牧民只要缴纳5元。

从新疆畜牧业的政策性保险不难看出新疆畜牧业发展的步子越走越快。其实，新疆的畜牧业也经历了传统游牧业到现代畜牧业过渡的漫长历程。

1949年新中国成立以前，畜牧业生产始终停留在靠天养畜的粗放阶段。解放后，新疆的畜牧业生产得到恢复。1978年，多种形式的牧业生产责任制推行后，各族牧民的积极性被充分调动，新疆畜牧业开始稳步发展。

1978—1997年，这20年里，新疆的畜牧科技取得了显著的成绩。新疆畜牧科学院成立后，多个地区成立了畜牧研究院。自治区、地（州）、县（市）、乡（镇）四级畜牧、兽医、草原站达1000多个，技术推广网络基本建成，牲畜新品种培育与改良取得新进展。新疆先后培育出了中国美利奴羊和新疆绒山羊，大大提高了个体产毛、产绒性能和经济效益，美利奴羊品种已推广到国内10多个省区。

新疆的羊，品种不同，体态各异，羊毛色彩也很多样。

21世纪以来，新疆紧紧围绕以农牧民持续快速增收为核心，大力实施现代畜牧业发展战略，加快改造传统畜牧业，积极开拓现代畜牧业，不断推进畜牧业生产方式、增长方式和管理方式的转变，实现了畜牧业生产经营水平的快速提高。

新疆的牛和羊产出越来越多、越来越好的毛、绒和奶，带来了可观的经济效益。但是，发展和保护是同步的。爱护草原、珍惜草原，与草原和谐相处，已成为新疆发展畜牧业的前提。2012年，农业部对新疆草原生态补奖机制落实工作奖励7500万元，帮助新疆开展草原禁牧、草畜平衡区划、实施牧草良种补贴和牧民生产资料综合补贴等工作。那拉提、天池、巴音布鲁克等禁牧区的草原景观得到了显著改善。

"辽阔草原美丽山岗青青牛羊，白云悠悠彩虹灿灿挂在蓝天上，有个少年手拿皮鞭站在草原上，轻轻哼着草原牧歌看护着牛和羊……"

离海最远的海鲜

都说新疆的羊肉好吃,新疆的鱼更是鲜美无比。可是,新疆地处内陆,戈壁、沙漠、高山、绿洲……是中国离海洋最远的省区,怎么发展渔业呢?

事实胜于雄辩。新疆正稳步向渔业大区迈进。

1985年,新疆水产品总产量不足1万吨。直到1997年,才基本解决吃鱼难的问题。2007年起,新疆水产品总产量突破9万吨,居西北五省区之首。不仅满足了本地及国内的需求,还远销日本、芬兰等国。

新疆的鱼如此"大卖",靠的是新疆水产品的特色。一是品种稀有,二是绿色无污染。新疆本地鱼类众多,品种稀有,且东方欧鳊、裸腹鲟、哲罗鲑、北鲑、黑鲫、塔里木裂腹鱼等,大多是国内罕见的优质品种。新疆四周高山阻隔,水域绝无污染。尤其330万亩高山湖泊,水源来自皑皑雪山,甘甜清洌,是发展无公害渔业及生产有机水

博斯腾湖开湖捕鱼

产品的理想之地。

博斯腾湖，中国最大的内陆淡水湖，既是中国最大的有机鱼生产基地，也是新疆最大的渔业生产基地。博斯腾湖盛产多种水产品，已有8种水产品通过了国家环保总局的"有机鱼"认证，从这里出口的池沼公鱼占到日本池沼公鱼市场70%的份额。

博斯腾湖不仅仅是渔业基地，更是旅游圣地，因为这里有新疆最大的苇区，是中国四大苇区之一。据说在这里承包芦苇荡的商人早已身家千万。郁郁葱葱的芦苇一望无垠，芦苇湿地里水天一色，成群的天鹅穿行在芦苇间。"蒹葭苍苍，白露为霜。所谓伊人，在水一方。"2012年，这里举办了第二届国际芦苇文化艺术节，要把博斯腾湖打造成为"中国爱情海"。

乌伦古湖，中国十大内陆淡水湖之一，位于福海县境内，号称"戈壁大海"。

乌伦古湖盛产梭鲈、丁鲅、白斑狗鱼、贝尔加雅罗等北冰洋水

烤鱼

系冷水鱼。福海县因此成为新疆最大的渔业基地之一，年产量达到4500吨，县上共有30多家宾馆酒店，80多家渔家乐，每天接待近3000人，来这里的游客在观光了蝴蝶谷、大小海子之后，最大的愿望就是在"全鱼宴"上把肚皮吃得滚瓜溜圆。

2013年1月12日，福海县第八届乌伦古湖冬捕文化旅游节开始了，这一届的主题是"大漠福海牧渔纳福"。冰天雪地里，人们体验冬捕节的热情却丝毫不减。浓郁的节日气氛和独特的冬捕活动吸引了八方来客，当天接待了两万多名游客。

2013年1月12日，新疆阿勒泰福海县第八届乌伦古湖冬捕文化旅游节，冬捕出鱼。

冬捕节上，最壮观、最激动人心的时刻就是冰上大拉网。冬季的湖面有1米厚的冰层，积雪厚30厘米。渔民们站在冰面上，排队围在绞网机的左右两边，齐声吆喝着。绞网机牵引着大拉网，大家缓缓拉出2000米长的大拉网，网上零星挂着活蹦乱跳的小鱼。渔民赶紧把还没成形的小鱼摘下来，塞进放生孔，小鱼迅速溜回湖底。据老渔民说，乌伦古湖曾一网打过83吨鱼，几十个壮小伙从冰窟窿里捞了一天一夜才捞完。

这种冬季冰上大拉网的捕鱼方式，已有50多年历史。现在，全中国只有东北松花江和新疆福海的乌伦古湖，还在"踏雪寻鱼"。

随着渔业的发展，海洋文明也开始潜移默化地影响着新疆。

一个曾在盐湖地区支边的上海人，利用当地的盐湖水养殖了对虾和鱼类，把沿海的海鲜暂养技术也带到了新疆。于是，现如今新疆的酒家，都在用广东酒家类似的暂养方式养海鲜，如活的对虾、贝类和鱼。所以，来新疆游玩的朋友们，照样能随时品尝到海鲜美味。

除了天然的湖泊河流，在灌溉水渠和稻田里，依然能看到许多鱼惬意地游来游去。新疆生产建设兵团二师二十四团就是用农田里的排渠水集中起来开展生态鱼塘，年产量2100多吨，占巴音郭楞蒙古自治州人工养殖鱼类市场份额的七成，年产值1500多万元。

大发渔财的人越来越多，能养鱼的地方，无论是天然的湖泊，还是人工的池塘，都能引来观光休闲的游客。

20世纪80年代初，昌吉年产水产品不足400吨。现在超过1.3万吨，渔业经济总产值达到1.3亿元，水产品产量连续19年位居全疆各县市首位。于是，昌吉市的观光休闲渔业迅速发展起来。80多户休闲渔业农家乐各有各的招牌菜。其中有个远近闻名的"杜氏旅游度假村"，每到节假日，这里人流如织，在田园风光中吃喝玩乐，轻松惬意之极。

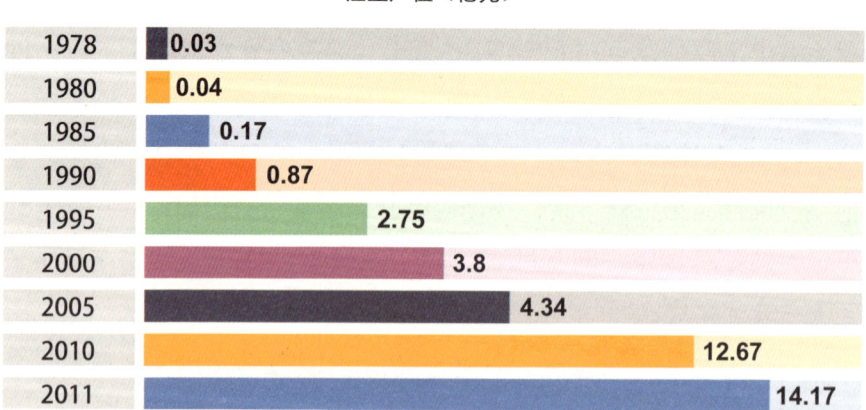

温室里的别样风光

沙雅,阿克苏地区的大县,北靠天山,南拥大漠。隆冬时节的沙雅,一如既往的优雅。田野静静地休养着,白雪、枯枝、灰路,浅吟低唱着对春天的渴望。去温室大棚里看看吧,推开门顿时觉得惊喜,热浪扑面而来,这个小小世界里,春意盎然。翠绿而修长的黄瓜、青绿而娇俏的辣椒、鲜红而圆润的西红柿、胖墩墩的南瓜……夕阳从棚顶透射进来,枝头上的果实都散发出温暖柔和的光,似乎在对主人们微笑。

种植户们穿插在田畦里,浇水、施肥、松土,忙活得热火朝天。汗水撒进土里,笑容写在脸上,仿佛已经预见这一年的好收成。

如今,利用温室大棚种植反季节蔬菜和园艺花卉已经成了沙雅县农民增收致富的"绿色银行"。在沙雅县,每种植一亩大棚蔬菜、大棚花卉可人均年增收2.5万元。张潘林是沙雅县种植大棚蔬菜的

吐鲁番大棚蔬菜育苗基地

温室里绿意盎然,五彩斑斓。

老农户,这几年,他种了2个大棚,主要种植黄瓜、辣椒、西红柿和葫芦瓜。2013年2月,黄瓜、辣椒、西红柿已到了丰产期,果实嘀噜嘟噜地挂满枝头。张潘林很乐观地估计他的2个大棚一年赚4万元没问题。

在新疆沙雅县,还有一项好政策——菜农种菜不仅不用自己育苗,而且还能享受到政府的菜苗补贴。农民只需要下一张订单,沙雅县设施农业科普示范基地的技术人员就会根据农民需要培育种苗。在政府补贴后,一株成品苗只需要花两毛钱,既节约了成本,也减少了劳动力。

好政策成了好收成的保障之一,沙雅县的设施农业发展越来越快。

南疆耕地少,水资源缺乏,建了这么多大棚,设施农业面积这么大,是不是很耗费水资源呢?智能大棚可以解决这个难题。2006年,沙雅县财政出资808万元,建了两座共5600平方米的现代化智能型温室大棚,其中一座作为示范区,一座用于蔬菜幼苗的培育,是一个"工厂化育苗车间"。这两个智能型温室大棚,采用了一体化滴灌技术、自动检测温度、湿度和二氧化碳系统，能在计算机控制下，将水、肥、农药按作物需求合理配置，通过滴灌系统直接传送给作物，可以大幅度节约用水量。这些技术都达到了国际领先水平。

新疆的温室发展得这么迅速，其实真正起步是在 1990 年。从最初的以生产蔬菜为主，向生产瓜果以及花卉、中草药、果树苗木等多领域发展。20 多年来，设施农业越发兴旺。在一个个敞亮的温室大棚里，不必遵循"春播秋收"，种花种菜种瓜，种桃种李种春风。

散发着香味的名片

在尘土和荒凉中开放的花朵是什么样的，是不是更馥郁芬芳？

新疆和田的玫瑰，曾被认为是大马士革品系。经过基因鉴定和研究后，和田玫瑰可能属独特的突厥玫瑰品系，与土耳其的玫瑰品系更为接近，但比土耳其玫瑰的品质更胜一筹。在干旱和风沙的历练中成长起来的和田玫瑰，和世界上最著名的大马士革玫瑰、保加利亚玫瑰、法国道格拉斯玫瑰相比，毫不逊色。

众所周知，和田的沙尘天气很是肆虐。"和田人民苦，一天半斤土，白天吃不够，晚上还要补"。然而就是在这样的地方，以土黄为主色调的大背景中，和田玫瑰甚是美艳夺目，花香袭人。单调寂寥的塔克拉玛干大沙漠里，大片的玫瑰园构成一道惊艳的风景。

除了玫瑰园里上百亩、上千亩怒放的玫瑰，和田有一条因玫瑰而出名的街道——加买街。每年五月，玫瑰花上市的季节，加买街满眼都是玫瑰花娇艳的色彩，空气中充满了芳香，让人置身于玫瑰花的世界。上千人在这里从事着玫瑰花交易。在这个玫瑰花民间交易集散地，有人兜售新鲜的玫瑰花，有人专门用玫瑰花制酱，更多的是来自中小企业和从事维吾尔医药的人在忙着收购。

和田种植玫瑰花具有 2000 多年的历史。千百年来，玫瑰花就是

工作人员在玫瑰园采摘玫瑰

和田人的好伙伴。和田人特别是维吾尔人,几乎家家户户栽种玫瑰。和田玫瑰成了当地最具地方特色的经济作物。

  以玫瑰花为主要原料的花酱,有养胃养心、安神补脑、理气活血等很多神奇的作用。所以维吾尔族人把它当做日常调味的食品,一小盘玫瑰花酱、一壶药茶和几个馕就是一顿美味的早餐。或者用于入药治病,维吾尔医生把玫瑰花入药用于治疗心脏病、肺病、胃病等疾病。新疆是全球四大长寿地区之一,和这种在食疗食补中养生保健的生活习惯是分不开的。

  用玫瑰花制酱、酿酒、泡茶、沐浴、入药都只是和田玫瑰的"简单"用途。提炼精油会让和田玫瑰身价倍增。因为,玫瑰精油是世界上最昂贵的精油,被称为"精油之后"。香叶醇和香茅醇是玫瑰精油中最主要的成分。中国生产的玫瑰精油中,香叶醇的含量是保加利亚玫瑰的 249.8 倍，法国玫瑰的 124.9 倍；香茅醇含量是保加利亚玫瑰的 8.3 倍，法国玫瑰的 5.6 倍。而中国和田玫瑰是世界唯一的高地玫瑰资源，品质更胜一筹。

与和田玫瑰一样，伊犁的薰衣草是新疆的又一张散发着香味的名片。

提到薰衣草，很多人都会想到法国的普罗旺斯。

1964 年，60 粒薰衣草种子从普罗旺斯漂洋过海，来到新疆的伊犁河谷，生根发芽。2011 年，伊犁河谷以 3 万亩的种植面积，成为仅次于法国普罗旺斯和日本北海道的世界薰衣草第三产地。法国著名调香师皮埃尔·罗斯博士认为，未来 5 到 10 年，世界薰衣草的第一主产区将改写为伊犁。

伊犁河谷与普罗旺斯地处同一纬度带，有着独特的逆温带自然气

伊犁薰衣草种植

候和水肥条件，成为大面积种植薰衣草的理想地理环境。如今，薰衣草成为伊犁的支柱产业。那一朵朵细小的花，变成一包包散发着清雅香气的干花和一瓶瓶品质高贵的精油，远销世界各地。

在伊犁的霍城县，薰衣草产量占全国的97%，薰衣草精油产量占全国的95%。霍城自己培植的薰衣草已被列入世界八大知名薰衣草品种，因此享有"中国薰衣草之都"的美誉。

在霍城县清水河镇，伊犁天药生物科技有限公司是中国唯一一家出品有机薰衣草的企业。他们的解忧公主薰衣草园是新疆首个薰衣草主题观光园，已经通过国家AAA级景区评定，是中国首家薰衣草全产业景象展示的主题观光产业园区。这里的解忧公主薰衣草博物馆也是目前中国唯一一家薰衣草主题博物馆。

新疆独特的地理光热资源，孕育了丰富的芳香植物资源，并形成了优异的品质。目前，新疆商品化种植的芳香植物有30多种，面积达到7万余亩，成为中国西部最大的芳香植物种植基地，芳香产业产值在日化行业中占据了半壁江山。每年收获季节，玫瑰、薰衣草、薄荷、迷迭香、留兰香、罗马甘菊等名贵香料所散发出的芬芳气息，都会从新疆的天山南北飘向全国，弥漫世界。

美丽新农村

在新疆，有个依干其乡，村庄建设得赏心悦目，除非亲眼所见，否则难以想象。这里有536栋维吾尔民居组成的农民新村，设计风格汲取了南疆维吾尔建筑和欧式建筑的精髓，既体现了民族特色，又显得有几分"洋气"。根据南疆维吾尔族农民的习惯，这个乡专门从喀什请来工匠，对房屋外墙、屋檐、立柱、大门、前庭、窗户做了精心装饰；各家的门厅设计得颇为宽敞，便于团队旅游的客人在那里歇脚，品尝民族风味食品。前有小院，后有果园，道路两侧栽种的是桑葚树和苹果树,既有乡村特色,又别具风情;真可谓"村在园里,园在村中"。别说是成天忙活在地里的农民,即便是见惯了高楼大厦的城里人也梦想着有这样独门独院的小别墅。

依干其乡,阿克苏市的城郊乡镇,位于美丽的多浪河畔。314国道和南疆铁路横穿而过,这里土地肥沃,物产丰富,交通便捷,拥有南疆规模最大的果品蔬菜交易中心,素有阿克苏的"窗口"之称,是中国的红富士苹果之乡和中国的无公害蔬菜之乡。

依干其乡不是一天建成的。2006年以前,村民们的住房存在安全隐患,一部分农民住的还是年久失修的土块房,那样的老房子别说是地震,连续几场大雨都可能导致墙体坍塌。此外,那里基础设施落后,大部分地方没有上下水,生活十分不便。

2006年初,当地政府结合多浪河水系整治和景观改造,提出将妥善安置搬迁农户与改善农民住房条件、提高农民收入、建设社会主

伫立在依干其乡小广场上的红富士苹果雕塑

义新农村有机结合起来。为此，出台了一系列优惠政策，千方百计将农民新居的造价降下来，把这 500 户民居设计成不同的户型和面积，确保每户搬迁农民都能住得上漂亮的新房。

通过加大对基础设施的投入，全乡的村网覆盖率达到 85% 以上，改厕率达到了 87% 以上，村级柏油路实现全覆盖，标准化村级阵地、村级卫生室、文化活动场所的覆盖率达到了 80% 以上，村容村貌大为改观。

设计美观的村委会，不仅是"村官"们办公、开会的地方，而且还兼有供村民操办红白喜事、跳麦西来甫等多种功能。村委会办公楼里有个大厅，是村里的小型民俗博物馆，展出当地农民在过去使用过的劳动工具和生活用品，通过一件件留下了岁月痕迹的器物，人们可以追寻到阿克苏市农村半个多世纪以来发生的巨变。

村里还有一座小广场，四周设计了红富士苹果雕塑、大白菜雕塑以及奶牛雕塑等等，基本上涵盖了阿克苏市农村的各项产业，昭示着阿克苏市是有名的"中国红富士之乡"和"全国无公害绿色有机食品基地"。

2006 年中央一号文件要求，全国各地要大力推进社会主义新农村建设，明确提出"生产发展、生活宽裕、乡风文明、村容整洁、管理民主"的目标。"管理民主"也不止是口号，这几年笔者在新疆的南北疆调研的过程中，几乎去过的每个村都有村务信息公开栏，相当透明！干部财产公示，在新疆的新农村已经实现了。

白银王国的候鸟

新疆的农业不仅仅是靠新疆各族儿女付出的辛勤劳动，更有来自内地省区的兄弟姐妹们的鼎力支持。棉花成熟的时节，在地里忙碌的，除了新疆本地人，还有一支来自内地近百万的采棉大军。新疆的棉花丰收了，他们浩浩荡荡地赶来；棉花摘完了，他们又匆匆忙忙地回到故乡。

近年来，新疆棉花的种植面积在逐年扩大，产量也在逐年增加，所需的拾花工数量也在不断增加。从 2006 年到现在，新疆平均每年都要引进约 70 万的季节性拾花工。这支队伍中，80%的成员是年龄在 18—50 岁的农村女性，主要来自甘肃、宁夏、河南、四川等省份。每年 8 月下旬，由各级政府劳务部门进行组织、协调的采棉专列，声势浩大地向新疆驶来。采棉农民不仅收入增加了，一些人还因此改变了命运。有的人留在新疆承包土地种棉花，有的则成为职业劳务经纪人。

这些拾花工，多是和同乡结伴一起来新疆，而且固定在一家或几家棉花种植户里。资历老的拾花工一家来疆拾花 13 年了，每天天不亮，他们在户主家吃过早饭，就去棉花地里开工了。略显昏暗的棉田里，

一名拾花工在棉田里采摘棉花

朵朵雪白的棉花隐约可见。大家一字排开，每人负责摘4行棉花，4行棉花大约1亩地。清晨的棉田，露水还没退去，很快拾花工的裤腿就湿了。但大家顾不上打理，都争分夺秒地埋头拾花。因为，拾花就是要趁着早上和上午，人的精神好、体力足，拾的花才多。

拾花时，要带着薄薄的尼龙手套，不然手会被棉秆、棉壳扎破。弯下腰把身体周围手能够到的棉花都摘完，迅速把手里的棉花塞进身后的棉袋。然后直起腰前进几步，之后马上再弯腰，重复先前的动作。每个人腰间都系着一道棉绳，棉绳的另一头缝在棉袋口上，这样，人往前走，棉袋也就随人往前挪。

中午时分，太阳当头照，泛着银光的棉田像是一片白色海洋。拾花工们觉得热了，却也尽量少喝水，想争取时间，拾更多的花。午饭通常是由户主做好送到棉田，大家暂时收工，还互相估摸或打问同伴拾花的成果。拾花的活计辛苦而枯燥，但时间总是过得很快。日落时，户主来给大家的棉花过秤、装车，第二天拉到轧花厂。等拾花工们回到户主家，吃完晚饭就该洗漱休息了。

拾棉花的日子就这样一天天过去。在这短短的70多天里，有个中国人最注重的传统节日——中秋节。远离故土的拾花工们注定要在新疆度过这样一个团圆节。"每逢佳节倍思亲"，这一天，拾花工们会和同乡们一起吃顿饭，给家人打电话报平安，顺便说说什么时候能返乡，有可能带回多少收入。

拾花虽然很辛苦，但收入也很可观。很多人在这70多天里能拾出一万多块钱。一分钱，一滴汗。拾花工辛勤劳作时的汗水，成为新疆棉花茁壮成长的人工雨露，使新疆棉花多年丰收。

如今，这些穿梭在故乡和新疆棉田的"候鸟"已经越来越少。因为，农业机械化是必然的趋势，大型采棉机像一头"怪兽"一样，从棉海中轰隆隆地掠过，所到之处，一朵朵挂在枝头上的棉花，都被其风卷残云般收入"囊"中。一台大型采棉机每天能采收150亩棉花，相当于 600 多名拾花工一天的劳动量。

近百万采棉大军，如同候鸟般，在短短 70 天里的"往返大流动"，已经成为新疆棉花成熟时的一道动人景观，也堪称是当代中国西部大开发历史进程中的神奇景观。来自全国各地的拾花工们，共同为新疆的棉花生产史写下了温暖的一笔。

农业产业化

彩色的棉花、甜蜜的瓜果、草原上的珍珠、离海最远的海鲜、温室里的风光、散发着香味的名片……新疆农业的发展越来越多姿多彩。新疆农业产业化进程的加快，让新疆的农产品走向全国，走向世界。

让我们从小小的番茄中找到新疆农业产业化的脉络吧。

相传，番茄最早生长在南美洲。西汉时期，张骞从西域带回了番

又是甜瓜成熟时，农民在地里品尝。

活力新疆

新疆生产建设兵团农五师八十七团周边乡镇的孩子们利用暑假开展社会实践活动,帮助团场职工采摘番茄。

茄种子。2000多年后,新疆的番茄产业发展得红红火火。每到番茄丰收时,大片的番茄地、排着长龙的装运卡车、忙碌的加工厂车间,新疆的绿洲上随处可见这可爱的红色精灵。

新疆的番茄肉多汁少,红色素含量高,是加工番茄制品的上等原料。经多年研发和拓展,新疆番茄现已从田间地头的种植业向工业化生产领域延伸,形成了番茄酱、番茄沙司、番茄脯、番茄丁等粗加工产品,以及番茄汁、番茄籽油、番茄红素等精深加工高附加值产品,已形成了一条相互衔接的完整产业链。

目前,新疆已种植工业番茄120万亩,有116家番茄制品出口企业和137条番茄加工生产线,年生产能力突破160万吨。作为世界第一大番茄制品出口国,中国近70%的番茄出口量产自新疆,占到国际贸易量的三成。

作为亚洲最大的番茄生产和加工基地,新疆与美国加利福尼亚州的河谷地区、欧洲地中海地区并称全球番茄种植和加工的三大中心。全球有 80 多个国家和地区的人们都能享用到来自新疆的番茄制品。

近年来，以番茄为首，包括辣椒、枸杞、红花、红枣、石榴在内的红色家族日渐兴旺。昌吉、呼图壁、玛纳斯、沙湾等北疆沿天山各县和南疆焉耆盆地一带是新疆的番茄加工和出口产业带。

如果说番茄是全新疆农产品中的旗帜，那么，全疆各地其实都有自己的拳头产品。塔城和昌吉的红花，伊犁塔城和焉耆的甜菜，喀什、和田、阿克苏和轮台的小白杏……此外，南疆沿塔里木盆地边缘有成片秀美如画的石榴园；玛纳斯、昌吉、焉耆和霍城等地，空气中都弥漫着葡萄酒的醇香；天山北坡、伊犁河谷、塔额盆地和焉耆盆地有成

新疆石河子安吉海镇农民正在晾晒红辣椒。

群的高产奶牛，天山北坡经济带、伊犁河谷、环准噶尔盆地、塔里木盆地出产的牛羊肉肉质鲜美。新疆的农产品，会带给你一场场视觉、嗅觉和味觉的盛宴。

从前，新疆的农产品都是"原"字号的，只向外卖鲜果；后来，经过就地的初级加工后，身价微增；如今，精深加工的农产品越来越多，有些甚至供不应求。新疆的农产品加工业，越来越多地融入了知识、资本、技术和品牌，形成的优势和特色，是其他省区所无法超越的。

好吃，也要好卖；好吃，所以好卖。目前，在中国的北京、上海、广州、武汉、长春、成都这6个大城市，都建设有新疆农产品的外销平台，再由这六大城市为中心，辐射全国，形成覆盖全国的新疆农产品市场体系。无论是当季的农产品，还是经过保险或加工的产品，在全国各地都有了地道正宗的"新疆味道"。

新疆正在努力使农业从单纯的种植业发展成为种植、加工和销售为一体的产业链。让这块神奇土地上生长出来的神奇作物，以或原生态或改头换面的形式，为越来越多的世人所熟知和认可。农业也因此成为新疆经济脚下金灿灿的一道光。

活力新疆

咱们工人有力量

新中国成立以来,新疆工业从无到有,从小到大。如今,新疆的工业就像一棵树,根已深深地扎进优势资源的沃土,各个产业像努力地伸向天空的枝杈。随着阳光雨露的滋养,这棵树日渐枝繁叶茂。大企业大集团如同大树上的硕果,在枝头熠熠生辉,中小企业也正经历着从青涩到成熟的蜕变。新疆加快新型工业化进程,逐渐形成了包括石油、煤炭、钢铁、化工、电力、建材、纺织等门类比较齐全的现代工业体系,形成了天山北坡经济带、乌昌(乌鲁木齐和昌吉回族自治州)一体化经济区、库尔勒—库车石化工业带等工业聚集区,各类工业园区风生水起。一年一度的"亚欧博览会",就像堆满了美食的餐桌,无论是食物还是餐具,都紧紧地抓住国内外"美食家"们的目光。

如今,在大疆南北,处处可以感受到建设项目、发展工业的火热场面。新疆工业承载着富民强区的光荣与梦想!

泛着金光的石油

"快看!磕头机!"

很多人经过新疆217国道的百里油区,都会发出这样的惊叹。这是一种采油机,橙黄色,高大挺拔,十分醒目。当地人给采油机起了一个十分生动而通俗的名字——"磕头机"。

茫茫的戈壁滩,一眼望不到头。在100多公里的油区,数不清的"磕头机",静默地工作着。不知辛劳的"磕头机"打破了这里的寂寞,形成一道独特而壮观的风景,让人感到激动和震撼。它们不论春夏秋冬,不管风霜雨雪,不分白昼黑夜,不停地重复着同样的动作——叩首和抬头,从不停歇,更不知疲倦。每抬一次头,就从这片神奇的土地里汲取了宝贵的石油。每磕一次头,就是对石油资源的一次攫取,同时也是给人类的一次恩施。如此说来,"磕头机"向大地磕头,正是人类对自然的虔诚叩谢。

克拉玛依白碱滩抽油"磕头机"

在"石油"一词出现之前，国外称石油为"黑金""魔鬼的汗珠"等，中国称"石漆""石脂水""猛火油"等。无论石油有多少名字，它在现代社会都意味着滚滚财富。有石油资源的地方，经济相对发达，人民生活相对宽裕。

世界上，最早钻油的是中国人。在新疆，最早发现石油的地方，在克拉玛依。

在新疆独山子油矿往北大概130公里的地方，有一座"沥青丘"。这里像山泉一样流出的不是水，而是黑色的油。当地人把这叫做"黑油山"，维吾尔语即"克拉玛依"。

克拉玛依，是世界上唯一一个以石油命名的城市。1955年10月29日，克拉玛依1号井喷出高产油气流，克拉玛依油田宣告诞生，也揭开了新疆石油工业发展的序幕。

1960年，克拉玛依油田原油产量达到166万吨，占当年全国原油产量的40%，成为新中国成立后发现的第一个大油田，因此克拉玛

克拉玛依市的黑油山（现在的黑油山是各族人民进行革命传统教育的纪念地和游览胜地）

依有"共和国石油长子"之称。2002年，克拉玛依油田原油年产量突破1000万吨，成为中国西部第一个千万吨级大油田。自此，克拉玛依油田连续10年生产原油超过千万吨，紧随大庆、胜利和辽河油田，在中国陆上油气田中排位第四（克拉玛依油田即新疆油田，是中国西部最大的石油生产企业，隶属于中国石油天然气股份有限公司）。

克拉玛依，因油而生，因油而兴。石油彻底改变了克拉玛依。从前没有水、没有草、连鸟儿也不飞，如今绿树成荫，流水潺潺，道路宽敞，群楼林立，成为人们向往的乐土。

"克拉玛依"四个字，象征着吉祥富饶，闻名于天下。在2012年中国城市人均GDP的排行榜上，克拉玛依以214172.4元（折合34074.04美元）的骄人成绩位居第三，仅次于澳门和香港。

克拉玛依的石油开发，不是简单的攫取，而是悉心呵护着油田的健康美丽，并用信息化建设把油田装进了计算机。

在克拉玛依新疆油田公司风城油田作业区，农田、牧场、河流湖泊、雅丹地貌，美丽景色独一无二，因此也赋予了油田"护绿"的使命。油田员工每天对井区周围进行清理。如今，这个作业区很难见到生产废弃物，只有洁净的井区和站房。蓝天白云下，羊群在抽油机旁欢快地吃草；棉田里，修井作业滴油不沾地。

2008年，克拉玛依率先在全国建成"数字油田"。2010年，克拉玛依在全球首次提出"智能油田"概念。每一座油田、每一块井区、每一口油井、每一个井口、每一条管道……所有的油田地面设施，无论是实物图形，还是具体参数，或者是历史资料，都能通过电脑里的应用系统逼真而完全地呈现出来。通过卫星传输系统，所有的工程参数能在几秒内被传到百十公里外的新疆油田公司总部。

和克拉玛依油田一样，塔里木油田用一个又一个"最"记录着新疆石油的传奇。

中国最大的沙漠油田——塔中油田，中国第一个亿吨级海相砂岩油田——哈得油田，中国最大、特高压、特高产、特高丰度优质整装

克拉玛依白碱滩全国第一口高产油井—193，1953年出产，目前每天自喷8万吨油气。

轮台塔里木石油开发

气田——克拉2气田，中国最大的凝析油气聚集带——牙哈—英买力油气田群，中国第一个亿吨级礁滩相油气田——塔中1气田。

它们共同见证着新疆石油工业的跨越式发展。

1990年，新疆石油工业迎来了难得的历史机遇——中央政府明确提出，石油工业要采取"稳定东部、发展西部"的战略方针。从此，塔里木、吐哈、准噶尔三大盆地的勘探开发加速，取得显著成效。库尔勒、轮南、泽普、哈密、鄯善等一批石油工业城相继崛起。1993年，新疆原油产量首次突破1000万吨大关，成为中国第四大产油省区；2002年首次突破2000万吨大关。

目前，新疆石油化学工业已建成了准噶尔盆地、塔里木盆地和吐哈盆地三大石油天然气生产基地，准葛尔盆地、塔里木盆地、吐哈盆地，这三个盆地就像聚宝盆一样，是新疆的三大石油天然气生产基地。加上南疆，共同成为四个石油炼制和加工基地。随着西气东输、中哈原油、乌克兰原油、西部原油管道等相继投产，新疆成为中国石油天然气的主产区和重要的石油战略基地。

呼唤地下的宝藏

泛着金光的石油，只是沉睡在新疆大地深处的宝藏之一。

煤炭，黑色的金子。它们是积攒了数千万年太阳火焰的古老丛林。

在新疆人的呼唤下，开始喷薄出无限的热力和光明。

新疆煤炭的开采利用，起源于汉代。从汉代到1949年中华人民共和国成立，2000多年漫长的历史中，新疆煤炭开采业多为小煤窑土法开采。1949年前，全疆仅迪化市（今乌鲁木齐市）八道湾有一家官办煤矿，年产量不足万吨，其余全是私人经营的小煤窑。开采设备简陋，方法原始，全靠镐挖、人背或牲畜驮载，劳动生产率很低。

1949年，新疆煤炭总产量仅17.98万吨。经过60多年的发展，新疆煤炭工业的生产条件得到了极大的改善，产量有了迅猛的提高。

新疆的煤炭储量十分惊人。新疆煤炭资源预测储量达2.19万亿吨，占全国预测储量的40%。有着丰富的煤炭资源做基础和后盾，新疆提出了煤炭资源转换的战略——加快以吐哈为主体的"西煤东运"商品煤基地、以准东为主体的"西电东送"基地、以伊犁及准东为主体的煤化工基地和以库拜为主体的煤焦化基地建设，把新疆建成中国最大的煤炭和深加工基地。

如今，新疆已形成煤田地质勘查、设计施工、生产、安全、科研、教育培训、煤机制造、煤田灭火、矿山应急救援等专业完备、门类齐全的煤炭工业体系。2010年新疆煤炭产量首次达到1亿吨。2012年，再创新纪录，生产原煤1.4亿吨，成为全国产量过亿的8个省区之一。

近年来，新疆吸引了百余家世界及全国前列的能源企业集团参与新疆的煤化工项目，总投资数千亿元。2012年，全国

拜城县煤焦化

煤炭百强企业、煤炭产量50强企业中，分别有30家和20家进驻新疆发展，已投入生产的企业17家，占新疆煤炭总产量的54%。大企业大集团的骨干作用明显增强，成为新疆煤炭工业科学发展、安全发展的主导力量。除央企和援疆能源集团以外，新疆中泰、新疆天业、广汇能源等新疆本地企业也纷纷涉足煤化工产业。

新疆的新型工业化正逐步由"石化独秀"向"油煤双驱"转型。煤炭工业在横向上可带动交通、供水、供电、机械制造等产业的发展，在纵向上可带动加工、运输等产业发展。"西煤东运""西气东输""西电东送"等工程，逐步打破困扰新疆煤炭外运的瓶颈。在保障疆内煤炭供应的同时，新疆的煤炭工业还为内地省市的发展注入源源不断的动力。

和黑金一样在新疆地下闪耀的，还有黄金。

在新疆，有个很"贵气"的地方，民间传言那里"七十二条沟，沟沟都有黄金"。那就是阿勒泰，在突厥语中，"阿勒泰"意为"金子"。阿勒泰自古以盛产黄金闻名，矿产资源丰富，是新疆及全国著名的黄金、有色金属产区。

20世纪80年代，中国掀起一股淘金热时，曾有成千上万的人从四面八方来到阿勒泰淘金。目前，新疆有包括阿勒泰在内的6个重点产金区，有托里县和乌鲁木齐建成两个黄金冶炼中心。新疆的黄金产量连续8年大幅增长。黄金资源前景看好，风险勘探和开发投资日益活跃。

煤炭是工业的食粮，钢铁是工业的脊梁。新疆更是新中国成立后最早发展地方钢铁工业的省区之一。

新中国成立以前，新疆没有现代钢铁工业。

新中国成立后，驻疆人民解放军节衣缩食，自筹资金，于1951年兴建了新疆第一家钢铁企业——新疆八一钢铁厂。当年的第一批工人在建厂时，条件非常艰苦，二十多个人挤在一个房间里，在铺盖下垫着麦草睡觉。

1952年4月，新疆炼成了第一炉钢。新疆没有钢铁的历史终于结束了。但是，因为新疆的生产工艺设备太过老旧，直到2002年，新疆钢铁工业也只有百万吨的产能。

铁花飞舞，铁水奔流，火热的高炉映红了新疆一代又一代钢铁人的青春。60年过去了，新疆的钢铁工业有了长足的发展。

当年的八一钢铁厂已经成为新疆的龙头企业和利税大户。2007年，国内钢铁龙头企业宝钢注资八钢，实现了东部与西部钢铁产业的大跨度整合，发展潜力无限。如今的八钢，处处旧貌换新颜。雄起的高炉、漂亮的钢结构厂房、整修一新的道路……俨然一座花园式的工厂。

2010年，中央新疆工作座谈会后，一大批援疆的钢铁项目，如宝钢、首钢、山钢、新兴际华等企业的相关项目迅速在新疆各地落户。在很短的时间内，几乎国内外所有的先进技术和装备，都在新疆生根发芽，大幅提升了新疆钢铁工业的整体技术水平。一大批循环经济和节能减

炼钢高炉

新疆八钢厂区

排技改项目上马后,新疆的钢铁工业实现了由黑色制造向绿色制造的转变。

随着新疆新型工业化和城镇化的加快,许多重点工程加速推进,钢材消费结构发生了很大变化,这给新疆钢铁行业带来了前所未有的机遇。铺路、修桥、盖楼……一大批基础设施建设和民生项目撑起了新疆钢铁行业的骨架,有力地带动了新疆钢材需求量的快速增长。钢铁工业必将成为新疆工业的铮铮铁骨!

天山脚下的锦绣

黄色的土地、绿色的棉田、洁白的棉花、五彩的棉布,天山脚下的锦绣就是这样斑斓。

新疆的地理气候条件,很适宜种植棉花。但由于历史原因,到1949年全疆仅有15家棉纺织手工工厂,年产值仅8.3万元,所有棉布绝大部分从内地和原苏联进口。

1950年,驻疆人民解放军筹建棉纺厂。1953年,新疆的第一个棉纺厂——七一棉纺织厂诞生了。这座拥有3.17万枚棉纺纱锭、1224台布机的现代化棉纺厂拉开了新疆现代纺织工业的序幕。

新疆不少地方都有棉、毛、丝等优势资源,喀什、石河子、伊犁等地先后建起了纺织厂,出产了大量的棉、毛、丝、麻。

我的母亲,是一位在纺织行业工作了30年的工人。1982年,已在天山织布厂工作了16年的母亲,调动到七一纺织厂,那时正是七纺最辉煌的时候,有一厂、二厂、三厂和四厂,还有印染厂等等。

纺织厂的工作都是三班倒的,把24小时分成三段。母亲曾上过常日班,也就是白班;还上过运转班。一个礼拜七天,要依次上两个白班(早上9点到下午5点),两个中班(下午5点到凌晨1点),两个夜班(凌晨1点到早上9点),再休息一天。虽然都是八小时,但是中班和夜班违背了人的生物钟规律,很是辛苦。儿时的我,曾去厂里给上中班

天山纺织集团的精纺棉织品生产车间

的母亲送晚饭。纺织女工穿白衣戴白帽,不停穿梭在机器之间的画面,至今都在我脑海中清晰可见。一进织造车间,机器轰鸣不绝于耳,闷热难耐,一年四季皆是如此。每当我找到母亲时,总会惊讶于她帽檐下从额头淌下的绿豆大的汗滴。母亲和她的工友们把纺织机器叫做呱嗒机。在呱嗒机的轰鸣下,很多工人都把棉花球塞进耳朵里。所以很多纺织工没到退休,耳朵就不好使了。即使如此,很多工人退休后也愿意被各地兴建的纺织厂返聘回去当老师傅,带新徒弟。

后来,受市场冲击,加之生产成本高、设备老化、产品单一等诸多因素影响,七纺的产品滞销、连年亏损。2002年,七纺所属的新疆纺织集团改制重组。

2010年,国家《纺织工业调整和振兴规划》中明确提出,"支持新疆发挥棉花资源优势,根据市场需求情况,发展棉纺织工业,建设优质棉纱、棉布和棉纺织品生产基地"。新疆纺织业确定了"两城七园一中心"的发展思路,即"两城"(石河子市、阿克苏市)、"七

石河子砸棉厂

园"（奎屯市、库尔勒市、喀什市、博乐市、呼图壁县、沙雅县、巴楚县）、"一中心"（乌鲁木齐国际纺织品商贸中心）。

《国家纺织工业调整和振兴规划》的推出，加速了中国内地棉纺企业进军新疆的步伐。来自上海、浙江、江苏、山东等省市知名棉纺企业及一些海外棉纺企业，看中了新疆优质的棉花资源，至少30多家企业相继进入新疆。

近十年来，大企业、大集团战略的实施，促进了新疆纺织业由大到强的转变。一个又一个纺织业巨头圈棉新疆。香港溢达落户乌鲁木齐；山东如意投资阿克苏棉纱；江苏奥洋在昌吉市生产人造纤维；浙江雅戈尔抢滩巴州、喀什的纺纱和织布；江苏华芳进军石河子；山东鲁泰抢占阿克苏纺纱市场；浙江金鹰远赴伊犁州生产亚麻……

有好的棉纺产品，市场在哪里？新疆具有一定的内需市场，同时可出口中亚市场，新疆少数民族与中亚国家各民族在服装的款式和色彩等方面有着相近的爱好，在新疆本地进行服装生产更符合新疆和中亚各国各民族对服饰的需求。

新疆具备成为中国西部最具影响力的服装生产基地和向西出口桥头堡的有利条件。新疆有全国最好的棉花，最好的羊毛。同时，新疆劳动力成本低、电力充足、配套设施完善、优惠政策多。不久的将来，"新疆制造"将成为人们服装消费时的首选。

戈壁滩上的风车森林

"达坂城的石头硬又平啊，西瓜大又甜啊，达坂城的姑娘辫子长啊，两个眼睛真漂亮。"这首由"西部歌王"王洛宾先生改编的民歌，让新疆的达坂城从一个原本默默无闻的小镇享誉世界。对新疆本地人来说，关于达坂城听的最多的是在天气预报里。"乌鲁木齐南郊到达坂城一带有几级风力"，几乎天天都出现。

达坂城，新疆著名的风区之一。位于准噶尔盆地和吐鲁番盆地的通风口，是南北疆气流的通道，一年中10个月以上有风，风区面积5880多平方公里，风能资源开发潜力超过1000万千瓦。有了如此得天独厚的风能资源，中国最大的风能基地——新疆达坂城风力发电场应运而生。

在通往达坂城的道路两旁，形成了一个蔚为壮观的风车大世界。路过此处的公路管理部门还专门开辟了观景区。来来往往的人们停车驻足，惊叹自然的苍茫造化与人工创造的伟大奇幻。在博格达峰清奇峻秀的背景下，视野中连片的风力发电机群擎天而立，迎风飞旋，与蓝天、白云相衬。虽然在造型上，用来发电的风车无法和荷兰那些梦幻的风车相比，但是排列有序的风车们在戈壁荒滩上倔强地伫立着，似乎永远不会停止转动，让人叹为观止，久久难忘。

在很多文学作品中，西北的风苦涩、悲凉、质地坚硬，不带一丝温柔。从前，"喝西北风"，是说没吃没喝，生活贫困。现在，新疆的西北风真的可以"喝"啦。风呼呼地吹着，巨资闻风而来。

新疆很早就开始"喝西北风"。

早在1989年，新疆就率先建成装机规模超过10万千瓦的并网风电场。近年来，一大批央企电力集团先后在新疆开发风电项目，不少大型央企，也相继宣布进军新疆风电产业。新疆成了央企发力风电产业的主战场。

说到来疆助阵的央企，就不得不提新疆本土的风电企业——新疆金风科技，它是国内最早、目前规模最大的风电技术设备研发和制造企业，在德国设有研发中心，并且建有工厂。

以金风科技为代表的一批新疆风电企业，见证了新疆风电产业的成长。经过20多年的发展，新疆已经在5个风区建立了不同规模的风电场，装机容量超过了130万千瓦，在建风电项目65万千瓦，已核准25个风电项目，建设规模125万千瓦。

2009年，乌鲁木齐经济技术开发区与达坂城区签订战略合作框架协议，携手打造"中国风谷"，并开始建设全国规模最大的实验风电场及5万千瓦示范风电场项目；同年12月，在达坂城风电实验场，中国陆上最大功率的3兆瓦风力发电机组成功吊装并调试运行。2012年8月，"中国风谷"新疆达坂城获27亿巨资注入风电开发。

除达坂城外，新疆拥有阿拉山口、吐鲁番西部、罗布泊等九大风区，陆上风能资源占全国总量近四成，仅次于内蒙古。可开发风电总装机容量在8000万千瓦以上，相当于4.5个三峡水电站（1820万千瓦）的装机容量，年可利用风能1600亿千瓦时以上。

大自然就是这么神奇。和风一样，太阳也格外厚爱新疆，尤其是新疆的哈密。

哈密，空气干燥，大气透明度好。全年日照时数为3357.6小时，平均每天9小时18分钟，年均太阳能辐射量为6041—6691MJ／平方米。属全国光能资源优越地区之一，是建设国家级大型并网光伏电

达坂城风力发电场的风车森林

基地的良好区域。

于是,在光伏发电产业上,哈密就有了"全疆最大"到"全国最大",再到"世界最大"的华丽蜕变。

2010年,哈密地区开始编制光伏发电工程规划。2011年,正式开始建设光伏电站。两年时间里,44个光伏项目上马,规模总计72万千瓦,占到了全疆的三分之一。如今,在哈密地区的石城子光伏产业园区里,聚集着包括五大发电集团在内的25家国内知名企业,已形成了一条完整的光伏产业链。

2012年8月,中国弗光新能源控股有限公司进驻园区。弗光新能源采用最先进的聚光技术,使光电转换效率超过29%,还运用了世界领先的跟踪模式,使阳光接收仪器像向日葵一样可跟随太阳从东到西移动,并和太阳保持垂直,高效接收阳光。这个项目投产后,石城子光伏产业园将成为世界最大的聚光光伏电场。

乌鲁木齐柴窝铺风力发电场

新疆新能源公司制造并安装的全国最大的150千瓦离网型太阳能电站

除了哈密，新疆其它地区的光伏产业也发展得如火如荼。

新疆的太阳能辐射资源在国内排第二位。加上广阔的荒漠土地资源，充裕的石英硅矿资源，向西开放的区位优势，一切都有利于建设大型太阳能电站，提高光伏产业竞争力，建设面向中西亚的光伏产业基地。

如今，新疆的光伏产业园区建设不断加速，初步形成了乌鲁木齐、石河子、阿拉尔、奎屯—独山子等4大光伏产业制造集聚区。在多晶硅产业的带动下，拉动了哈密、奎屯、伊犁、阿勒泰、环塔里木盆地、天山北坡经济带"煤—电—硅（硅砂、工业硅、碳化硅等）"产业集群的快速发展。在石河子、奎屯、吐鲁番、博乐、阿拉尔、和田等地，仅2012年就有十多家大企业大集团在新疆建设光伏电站。

风力发电和光伏发电只是新疆战略性新兴产业中的两大代表。

2010年中央政府新疆工作座谈会后，新疆确定了七大战略性新兴产业，分别是新兴能源、新材料、生物、先进装备制造、信息、节能环保、清洁能源汽车，基本都是绿色产业。

花园里的工厂

在新疆,有个西部飞速发展的典型——乌鲁木齐经济技术开发区,她诞生于 1994 年 8 月 25 日。

开发区一诞生就有三个最显著的特征,那就是离海岸线最远、国务院批准最晚、中国西北地区最大的国家级经济技术开发区。

19 年过去了,乌鲁木齐经济技术开发区集行政区、国家级经济技术开发区、国家级出口加工区、兵地融合发展区、经济合作区五种体系格局,融高端商务区、留学人员创业园、新疆软件园、科技企业孵化器、大学科技产业园、职业教育园区、高铁核心区、铁路国际物流园等为一体。

一走进乌鲁木齐经济技术开发区,就完全置身于一个五彩斑斓的大花园,让人瞬间怀疑这是不是一个旅游景点。住在附近的居民对开发区十几年来的"大变样"深有体会。从前,这里是寂静无声的荒山,

乌鲁木齐市经济技术开发区里的北京大学新疆科技园

如今土坷垃变成金砖，开发区日益散发出无穷的活力。沿着宽阔的中亚大道一路前行，没有拥挤的水泥森林，没有浮躁的喧嚣，但却有一处又一处让人眼前一亮的风景。整个开发区是一个设施配套齐全的城中城。除了城中的人乐得其中，外地的游客也常被导游领到开发区游览观光。很多人都把这里比作"新疆的小香港"。

开发区的科技一条街上有一片宏伟的仿古建筑群——北大新疆科技园，红墙绿瓦，飞檐斗拱。科技园的前面是大片的绿茵和现代派的雕塑，亦古亦今，气势恢宏。开发区还有个著名的卫星广场，中心位置那尊20多米的主题雕塑，一颗凌空欲飞的卫星傲视着5万平米的广场和1880米长的葡萄长廊。盛夏时节，葡萄长廊白天郁郁葱葱，晚上变得流光溢彩，充满梦幻的感觉，令人心旷神怡。卫星广场的四周，有全国最好的新疆沙漠绿洲美健水疗中心、国际水平的体育馆和地下射击场。

我们不能被开发区的外表迷惑，这不是超大的花园，也不是旅游景点，而是汇集了新疆重点产业和知名企业的多功能综合性园区。

乌鲁木齐经济技术开发区的示范街

目前,开发区以汽车制造、机械装备、新型建材、现代物流为主导产业,并向新型煤化工、信息工程、生物医药、新材料等方向拓展。在此基础上打造新疆创智商务总部基地、新疆最大的食品饮料加工基地、西北最大的冶金工业基地、西北新兴的汽车及工程机械制造基地、中国最大的风电装备制造基地、面向中亚的软件信息产业基地和面向亚欧的国际商贸物流及出口加工基地等七大基地。

开发区内有3800多家注册企业,其中40家外资企业、17家"世界500强"、30家"中国500强"投资生产项目。有全国领先的风电装备制造企业金风科技,新疆最大的钢铁企业宝钢集团八一钢铁,并聚集了中国重汽、三一重工、上海大众、东风汽车、可口可乐、康师傅、红云红河、海螺型材等众多国内外著名品牌企业。

在新疆,不仅仅经济技术开发区,新疆的各类工业园区都在朝花园式的工厂努力,依托丰富的自然资源及独特的农、副、牧产品资源,培育发展了化工、有色、建材、轻工、纺织、装备制造等产业体系。

从1992年新疆第一个工业园区(乌鲁木齐高新技术产业开发区)开始,到今天,新疆工业园区的整体实力显著增强,已逐步成为新疆工业的增长极。

乌鲁木齐经济技术开发区的卫星广场

新疆产业向园区集中，产业集聚效应逐步显现。依托当地资源优势，政府、商会、企业、社会各界和园区自身都积极参与到园区建设中来。集中建设了以奎屯—独山子石化工业园、库车石化园区等为代表的重化工业园区；以石河子经济开发区、富蕴矿业工业园等为代表的特色资源工业园区；以江苏工业园、齐鲁工业园等为代表的引进内地项目、承接产业转移为主的对口援疆工业园区；以中哈霍尔果斯国际边境合作中心、乌鲁木齐出口加工区等为代表的出口加工园区；依托运输大通道和交通枢纽、各类口岸建设的物流园区。

在新疆众多的工业园区中，一个又一个纪录骄傲地记载着新疆工业的腾飞。中国最大的硼化物系列产品生产基地在新疆喀什的泽普工业园，中国最大最专业的BDO精细化工园在库尔勒经济技术开发区（BDO即1，4—丁二醇，是一种重要的有机和精细化工原料，广泛应用于医药、纺织、汽车制造和日用化工等领域）；世界最大的硫酸钾生产基地将在新疆的罗布泊盐化工业园区建成……

当一个工业园茁壮成长起来，也就成为当地的骄傲。上了什么大项目，来了个大客户，收益如何，都成为当地官员们关注的焦点和百姓茶余饭后的谈资。

从西到东的大爱

从经济发展的规模、速度和质量上看，新疆和发展迅速的内地省市相比仍是"小弟"，然而，东部沿海"老大哥"的经济发展面临着资源瓶颈的制约，因此，利用得天独厚的资源优势，支援内地建设，就成了新疆义不容辞的责任。

西气东输

在中国的经济版图上，从西部新疆到东部上海，凌驾着两条巨龙。

这就是西气东输一线和二线管道工程。

塔克拉玛干沙漠腹地的轮南石油基地，喧闹的施工声不绝于耳。4200公里的管道从这里延伸，经过戈壁沙漠、黄土高原、太行山脉，穿越黄河、长江，途经9个省区市，最后到达上海。纵横交错的管道运输线，把新疆的天然气源源不断地送到了中国的各个角落。

西气东输工程是中国管径最大、管壁最厚、压力等级最高、技术难度最大的管道工程，创造了世界管道建设史上的高速度。这是因为，这项工程汇聚了40多家专业设计、近千名科研人员的智慧，容纳了6项计算机软件著作权、14项发明专利和34项实用新型专利。

2004年12月30日，西气东输工程实现全线商业运营。2006年，全线告急，供不应求。引进境外天然气资源的西气东输二线应运而生。西二线西起新疆霍尔果斯口岸，南至广州，途经14省区市，干线全长4895公里，管道总长度超过9000公里。

西气东输给新疆带来了什么？

在西气东输工程的巨额投资中，西部地区吸纳资金约340亿元，其中新疆200多亿元。西气东输工程营造出巨大的消费市场，增加了大量就业岗位，每年为新疆增加财政收入10多亿元。同时，西气东输为南疆各族群众带来了越来越多的"福气"。"气化南疆"工程实施十多年来，累计向南疆45万户居民以及大中型企业输送天然气逾110亿立方米，相当于每年节省标准煤260万吨，减少二氧化碳排放500万吨。

西气东输给东部带去了什么？

西一线、西二线建成投运后，超过100多个城市、3000多个大中型企业、近4亿人从中受益。这条"能源动脉"，让西部资源与东部市场实现了对接，使3亿多人口用上了清洁能源，从而悄然改变了中国的能源消费结构。作为主力气源地，塔里木油田累计向西气东输下游供气1024亿方，相当于替代了1.28亿吨标准煤，减少有害物质排放600多万吨。西气东输途经100多个城市，这100多个城市的上空不再因以往的煤烟污染而灰暗，蓝天白云和新鲜的空气都在无声地诉说着西气东输工程的贡献。

2012年10月16日，西气东输三线工程开工。

工程投产后，每年可向沿线市场输送300亿方天然气，有效地填补东南沿海等经济发达地区对清洁

西气东输公司三线的施工现场

能源的缺口，使天然气在中国一次能源中的消费比重提高1%以上，每年可替代煤炭7680万吨，减少二氧化碳排放1.3亿吨、二氧化硫144万吨、粉尘66万吨。

西一线、西二线、西三线工程累计投资超过4000亿，成为中国投资最大的能源工程和基础建设工程。这三条钢铁巨龙把清洁的天然气送进了千家万户，东西部地区人民的生活也被千丝万缕地交织在一起。

西煤东运

新疆煤炭资源的预测资源量达2.19万亿吨，占全国总量的四成以上，位居全国之首。为了保障国家的能源安全，"西煤东运"成为

中电投新能伊南煤制气项目所在地，起吊机有力的臂膀撑起了新疆煤制气的未来。

重要的战略通道。

目前，新疆以准东、吐哈、伊犁、库拜四大煤田为重点，建设国家第 14 个现代化大型煤炭基地。其中，准东煤田是中国乃至世界上最大的整装煤田。吐哈和准东，相对靠近东中部的煤炭需求市场，成为"疆煤东运"的主战场。

2008 年和 2009 年，新疆西煤东运的煤炭外运量仅在千万吨左右。到 2012 年，煤炭外运量达到了 5000 万吨。预计 2020 年、2025 年将分别达到 5 亿吨和 8 亿吨。

新疆具有建设煤炭液化、气化项目的资源条件，大力发展煤层气、"煤制油"、煤炭气化作为石油天然气的补充和接续气源，将会为"西气东输"提供后续资源保障。今后新疆煤炭的四大产业方向是煤电一体化、煤气层、煤化工和煤焦化，这更激发了国内外各大煤炭企业的投资欲望。加上国家和自治区不断加大对新疆煤炭资源大开发的政策支持力度，各大型企业充分利用新疆的资源优势，建设大型煤电基地，实现煤电联营，变运煤为输电，达到向东部地区输送能源的目的。

西电东送

夜幕降临，华灯初上。在中国的中东部地区，城市绚丽多彩的灯火散发着迷人的光芒。繁华与现代，尽在闪烁的电光之中。而这其中，就有新疆送去的电。

东部地区发展较快，但面临着电力供应不足的能源瓶颈。新疆的资源丰富，但就发展阶段而言，发展速度相对缓慢。通过电力联网，东西部资源的优势得到互补，把新疆的风力、煤炭转化成电力，输送到东部的缺电地区，带动东西部共同发展。

电能用途十分广泛，大到电动汽车、电动机车，小到各种家用电器，取暖、做饭、洗衣等等都离不开优质环保的电能。在各种能源输送方式中，输电是最经济和清洁的，特高压电网更是输送能源的"电力高速路"。

西电东送750伏输电线建设

西电东送工程是世界上规模最大、线路最长、环境最为复杂的750千伏输变电工程。由7个变电站和12条线路组成，双回线路里程1780公里，总投资160亿元。

2010年11月，新疆—西北750千伏联网工程建成投运。从此，新疆电网正式并入全国电网，新疆火电、风电开始"打捆"东送。2013年1月，新疆电网首次实现向华东电网送电，实现"疆电外送"5.3257亿千瓦时，相当于外送18.64万吨标准煤。

和西气东输一样，"西电东送"也是中国西部大开发的标志性工程。新疆大力发展煤炭、煤化工和电力工业，进行煤变电、煤变油、煤变化工，加快建设国家高载能产业聚集区，真正成为了中国的能源要地。

大步走的新疆工业

新疆的工业不就是挖煤、采石油吗？也许有人对新疆工业做出这样的定义。那就太片面了。当我们翻开新疆工业的历史，那随着时间清晰可辨的足迹和日渐有力的步伐，正宣告着新疆"工业强区、工业富民"的坚定决心和宏伟蓝图。

旧时代的新疆，的确没有真正意义上的工业。1949年前，由于长期的封建统治，新疆的工业非常落后，现代工业几乎是一片空白。几乎全部都是清一色的私人作坊，技术水平极低。当地百姓连吃饭都成问题，驻疆部队的军粮都要靠从内地调运。

1949年，全疆工业总产值不过9800多万元。官办企业只有14个小型厂矿，设备简陋，职工不到1100人。在当时国家统计局发布的40种主要工业产品中，新疆只能生产5种。一尺布、一斤糖、一寸钢、一颗圆钉、一张机制纸都生产不了，物质产品极其匮乏。工业品也主要从外地运进，价格十分昂贵。在一些偏远的地方，要换到一包火柴甚至得用一只活羊。

伊宁市庆华集团循环经济工业园区——煤变气工程

1949年,新中国成立以后,新疆人以"肩拉背扛"的方式垦荒造田,兴修水利,节衣缩食,艰苦地打下新疆工农业发展的基础。这一时期,限于当时的经济水平和科技条件,新疆经济建设白手起家,是以一种很原始、很简陋的方式进行的。

遥远的荒漠不再寂静和荒凉,一座座工厂陆续建立起来。新疆沉寂千年的历史第一次响起大工业时代的激情轰鸣。这些工厂成为新疆有史以来的第一批现代工业企业,为新疆培养了第一代产业工人,初步奠定了新疆现代工业的基础。

1953—1965年,是新疆工业的起步发展阶段。1953—1957年,新疆新建了新疆水泥厂、和田缫丝厂、新疆制酸厂等一些大中型工业企业。1957年,新疆实现工业总产值5亿元。1958—1965年,新疆新建了哈密三道岭露天煤矿、独山子炼油厂、红山嘴电站、新疆锂盐厂、乌鲁木齐第二钢铁厂、新疆烧碱厂等一大批大中型重化工企业,以及八一棉纺厂、喀什棉纺厂、奎屯卷烟厂、新疆五金材料厂等一批大中

博乐市阿拉山口输油管加工企业一景

型轻工企业。1965年，新疆完成工业总产值13.77亿元，是1949年的15.2倍。

1966—1978年，**新疆工业曲折向前**。这一阶段，新疆的重工业建设有了较大进展，电子和化肥工业开始起步，新疆红旗机器厂、新疆无线电厂、新疆齿轮厂、新疆化肥厂、第一汽车配件厂、红星器件厂、石灰窑水电站、东山碱沟煤矿、雅满苏铁矿等一批电力、煤炭、钢铁、化肥企业和芳草湖棉纺厂、霍城糖厂等轻工企业相继建成。到1978年，全疆工业总产值完成33.9亿元。

1979—1995年，**新疆工业全面快速发展**。这一阶段，新疆先后建成了乌鲁木齐石油化工总厂、乌鲁木齐轮胎厂、玛纳斯电厂、和静大山口水电站等一批大中型项目，还有新疆毛纺厂、库尔勒棉纺织厂、和田棉纺织厂、伊宁亚麻纺纱厂、阿克苏糖厂、新疆啤酒厂、博湖造纸厂等一批轻工企业。

20世纪90年代初，新疆开始实施优势资源转换战略和科技兴新战略，以石油工业为代表的资源优势产业迅猛发展。1995年，工业增加值达到219亿元，比1978年增长4.2倍。这一时期，新疆工业体系日趋完善，工业生产能力大幅提高。

1996—2002年，新疆工业进入巩固调整阶段。"一黑一白"战略的实施，加快推进了新疆煤炭资源和棉花资源的优势资源转换。经过激烈的市场竞争，塔里木油田公司、吐哈油田公司、天山纺织、众和股份、特变电工、屯河集团、中泰化学等企业不断发展壮大，这些大企业大集团带动新疆工业经济迈上了新的台阶。

1997年，新疆工业增加值超过第一产业增加值，标志着工业主导地位的确立。石油、煤炭、钢铁、纺织、农产品加工等成为工业经济的主要增长点。这一时期，新疆建成了天山造纸厂、西域糖厂、阿希金矿、屯河水泥厂、喀什火电厂等一批重点项目。

2003年至今，新疆工业进入加速推进阶段。

2005年，新疆新型工业化会议作出了引进大企业、大集团这一符合新疆科学发展要求的战略决策，放手让区外大企业、大集团进疆

石化厂

嫁接重组自治区的国有企业，借助大企业、大集团在人才、资金、技术、管理和市场等方面的优势，推动新疆的产业优化升级，壮大国有经济的实力。

目前，新疆工业逐步形成了以石油开采、石油化工为主导，以纺织、轻工、建材、钢铁、电力为支柱，包含煤炭、食品、机械电子、有色金属等门类较为齐全、产品种类丰富的具有新疆特色的现代工业体系，工业在新疆国民经济中的地位明显提高。

近年来，新疆把重点项目作为工业投资和发展的载体，聚合资金、技术、人才等各种生产要素。通过落实一批重点工业项目，充分依托新疆的能源资源优势、市场优势和产业配套优势，优化工业产业结构，为新疆工业具备长远的竞争力奠定了坚实的基础。

同时，在支撑新疆经济发展的产业大军中，新能源、新材料、信息产业、生物制药、汽车制造等后续战略支撑产业正在发育，呈现出旺盛的生命力。长期依仗石油的新疆工业，从"一枝独秀"逐步走向"百花齐放"。在一系列产业政策的"合力"作用下，2012年，新疆非石油工业增加值历史上首次超过石油工业，占据新疆经济的半壁江山。

在新型工业化道路上，新疆坚持推动信息化与工业化深度融合。目前，新疆86%的企业建立了企业内网，78%的企业采用了生产经营管理、行政管理信息系统，42%的企业建立了企业外部网站。

大多数人都只是看到记录新疆工业的数字，产值、比重、增长率……数字背后却隐含着许多汗水和故事。当你向一些上了年纪的老人打问某个地方几十年前有什么工业时，他会感慨家乡变化之大。在光秃秃的戈壁滩上，出现了精心规划的厂区、拔地而起现代化的高层建筑、还有企业内部那些高科技的办公设备和现代化的生产流程，一切并不是神奇的岁月之手使然，而是出自一批又一批的建设者们日积月累的辛劳。正是因为这样，数十年来，新疆工业经济保持着高速增长态势。

全面发展的社会事业

一个地区的活力，归根结底还是由人来体现的。人们的精神状态如何，生活是否富足，衣食是否无忧，精神世界是否丰富多彩，直接关系到这个地方的外在形象。所以，高楼要建造，良田要开垦，工厂要兴建，而造福百姓的社会事业，更是要全面发展。精神富足了，老百姓的脸上才会有真正发自内心的笑容。

新中国成立后，新疆的各项社会事业不断发展。尤其是改革开放以来，各项社会事业有了长足的进步。

老百姓的文化大餐

"真的没想到，博览会开得这么好，来的人这么多，新疆人读书的热情这么高。"

在首届中国—亚欧出版博览会上，央视《百家讲坛》的名嘴纪连海在现场签名售书。新疆大开发大建设的滚滚热潮，日渐高涨的文化热度、新疆人的热情豪爽，都给纪连海留下了深刻印象。

新疆人读书的热情真是很高，各族群众已经越来越享受日渐丰盛的文化大餐。

到2012年，"新疆天山读书节"已成功举办了七届。如今，"新疆天山读书节"正在天山南北生根发芽，开花结果，已经成为新疆重要的文化品牌，成为新疆各族人民所期盼的重大文化活动之一。一连串的读书活动引导各族群众提升自身素质，成为丰富各族群众精神生活的通道。另外，读书节通过赠阅图书、读书讲座及征文活动等多种方式，促进各民族在文化上的沟通和相互认同，成为巩固各族群众友谊的桥梁。

新疆继续建立农家书屋，不少地方的农家书屋常年开展读书演讲、文化学习、书画摄影展等丰富多彩的文化活动。不少农牧民在农闲时间，到农家书屋查阅生产生活信息技术资料，怎样更好地种田？怎样

乌鲁木齐市图书馆实行零闭馆

更好地养羊？从前只靠经验农耕放牧的人们，现在，在农家书屋里找到了用现代农业科技指导农业生产的捷径。

新疆深入开展各级各地博物馆、图书馆、文化馆（站）免费开放。仅以乌鲁木齐市为例，各级博物馆、图书馆、文化馆、美术馆全面服务各族市民70余万人次，其中，乌鲁木齐市图书馆在全疆地市级公共图书馆里率先实现365天"零闭馆"。2012年，自治区博物馆的展览数量多、质量高，《故宫博物馆清代新疆文化展》《美美与共——六国美术作品展》《大师印记——赛克勒博物馆藏西洋版画展》等展览让新疆人在家门口就能享受到高品质的文化滋养。

新疆人爱读书，也爱丰富多彩的文化活动。

2012年，新疆首届网络春晚隆重登场。晚会网罗了2011年全疆最红、最火的草根名人、大众达人，全方位展现新疆本土文化特色和互联网特色。节目在网站上通过视频播出后，被网民称赞"很接地气儿"。在长江网盘点的2012年中国最值得期待的十大网络春晚中，首届新疆网络春晚顺利入选，排名第五。

2008年6月，首届"中国新疆国际民族舞蹈节"精彩上演。舞蹈节以"和谐中国，魅力新疆"为主题，有来自俄罗斯、土耳其、印度、希腊、墨西哥等9个国家和地区的舞蹈团体参加舞蹈节展演。舞蹈节的成功举办，拓展了新疆和国外文化艺术交流的渠道，促进了新疆文化事业的繁荣发展。

2012年，许多文化活动在这一年拉开序幕，"新疆油画全国行"全国巡展、大型民族音乐会《美丽新疆》全疆全国巡演、"中国·新疆首届当代艺术双年展"、首届中国—亚欧出版博览会、新疆首次国际性电影展——首届乌鲁木齐亚欧电影展等等，有力地提升了新疆的文化软实力，极大地丰富了新疆人的精神文化生活。

看看新疆有多少享受文化大餐的"餐馆"，就知道新疆人有多幸福了。

近年来，新疆各地广泛开展文化、科技、卫生"三下乡"活动，

玛纳斯演唱

先后实施了一大批文化建设重点工程,那些图文并茂的科普册子和口袋书尤其受欢迎。很多第一次尝试种某种作物的农民,就靠着口袋书边学边种,取得了好的收成。送下乡的不仅仅是图书资料和科技知识,文艺演出、文化产品、送医送药、惠民项目都被送进了千家万户,捂热了农牧民的心。

文化产业的春天

在乌鲁木齐有一条充满创意和灵气的路。那就是位于水磨沟区的温泉西路,道路两旁的房屋墙面,满是造型各异、五彩斑斓的涂鸦。这里曾经是七一棉纺织厂的所在地。

七纺怎么成了7坊?

七一棉纺织厂是新疆现代纺织业的摇篮,曾经拥有3万枚纱锭、1200台织布机,棉纺织业也曾是乌鲁木齐重要的支柱产业。然而,时过境迁,七纺成为历史。昔日的纺织基地变身为今天的艺术集聚地。7坊街中的"坊",有作坊、个体手工的含义,"坊"字用来体现艺术创作中的原创精神。"7坊"与"七纺"同音,其间内含着对七纺的流金岁月的纪念。新的7坊街会成为生机无限的艺术胜地。

7坊街成立于2009年4月28日。拥有4个公共艺术展厅,81间艺术创作室。7坊街涵盖了动漫、影视、绘画等30多种文化产业门类,还建有动漫服务平台、文化产品交易输出平台。各类创意产业在园区里安营扎寨,如北京宋庄艺术交流中心区、上海田子坊文化创意交流中心、新疆动漫COSPLAY活动基地等等。7坊街成立以来,每年举办各项文化艺术活动30余项,众多文化企业和知名艺术家慕名而来,大家互相学习,共同把新疆文化艺术推向外面的世界。

像7坊街这样的文化产业园区,新疆共有十多个。其中,国家级的文化产业示范基地有4家,获得国家认证的动漫企业达到6家,在西北地区名列前茅。这些企业通过自身的示范、辐射和带动作用,促进了新疆文化产业的快速发展。

新疆把2011年定为"文化产业振兴元年"。这一年,新疆设立每年1000万元的文化产业发展专项资金,专项扶持起步发展阶段的文化产业项目。2012年,新疆文化产业项目在第八届深圳文博会上签约254亿元。这一年,新疆的5家文化企业获得2200万元国家文化产业扶持资金;10家企业获得自治区文化产业扶持资金590万元。获扶持资金企业数量实现递增,在争取国家文化产业扶持资金金额方面达到历史新高。

2012年,7坊街、卡尔罗等25家文化企业,被首次命名为自治区文化产业示范基地。就在这一年,新疆动漫产业联谊会成立,吸纳了近30家动漫企业和动漫教育培训机构。

乌鲁木齐7坊街油画创作

乌鲁木齐卡尔罗科技股份有限公司员工在进行动漫设计

据不完全统计，目前新疆共有娱乐性文化经营单位 6528 家，其他文化经营机构 4389 家，基本形成多种所有制并存、门类齐全、品种多样、具有浓郁地方特色的文化市场经营格局。新疆文化产业产值由 2005 年的 6.59 亿元上升到 2010 年的 17.88 亿元，示范基地、专项基金、展会推介……新疆文化产业从小到大，从分散到集聚，从粗放式到产业化，正逐步迈入发展的春天。

拍电影和看电影

近几年，电影《天地英雄》《卧虎藏龙》《七剑下天山》等影片都是在新疆拍摄完成的。在影视画面中，新疆成为表达沧桑久远、神秘传奇、多元魅力和视觉冲击的首选外景地。

不少人初识新疆，是通过电影《冰山上的来客》。影片描绘了边疆地区军民惊险的反特斗争生活，融入了浓郁的民族色彩和抒情调子，传神地再现了中国西北边疆的绮丽风光和塔吉克族人民的风情民俗。至今,片中的插曲《花儿为什么这样红》仍然脍炙人口。然而,这部影片不是新疆本土原创的。

电影,所有艺术行业中最具象、最直接的艺术表达方式。新疆人,生性直接干脆。新疆人拍出的电影又是什么样的呢?那要从新疆自己的电影制片厂说起。

天山电影制片厂,新疆自己的电影制片厂。1956年筹建,1958年投产。它的第一部作品是纪录片《朱总司令视察新疆》。第一部彩色纪录片是1959年摄制的《阳光照耀着新疆》。第一部电影是1960年摄制的《两代人》。天山电影制片厂的电影工作者来自十多个不同的民族。建厂50多年来,特别是改革开放以来,天山电影制片厂创作生产了100多部故事片。

鲜明的地域特色和多元文化,造就了带有新疆烙印的新疆本土电影。在新疆这样一个古老而又神秘的地方,地域辽阔,民族众多,文化形式丰富多样,各民族和睦融洽。当很多人对新疆的印象依旧停留在大漠、雪山和骆驼的画面时,通过电影这一现代艺术手段,向世人传播和推广时尚现代的新疆,全面展示新疆和新疆人的新风貌,对于新疆各项事业大发展必然会起到积极的作用。

2011年,《乌鲁木齐的天空》这部影片,把乌鲁木齐这座城市真实、客观、艺术地展现在全国观众面前。影片生动地刻画了乌鲁木齐"融合"的城市性格。"融",包容兼收,各族群众自由地呼吸同样的空气,各民族文化和谐共生;"合",多元文化最终汇集成神奇的力量,散发出独特的魅力。当镜头从20世纪60年代切换到当下,乌鲁木齐发生的翻天覆地的变化清晰可见。乌鲁木齐,也正是新疆的缩影。

如想了解新疆的少数民族,那么请看反映维吾尔族老奶奶带孙女千里认父的《盛开的向日葵》、反映哈萨克族文化的《鲜花》和《美丽家园》、反映回族人生活的《歌行千里》、反映锡伯族射箭冠军成长经历的《箭乡少女》、反映新疆各民族大团结的《乌鲁木齐的天空》。这一部部充满浓郁的少数民族特色的电影,生动展示了新疆的美好与新疆人的可爱。

在20世纪60年代的红色经典电影《阿娜尔罕》的基础上,新疆各族艺术家精心创作改编了20集电视连续剧《阿娜尔罕》,于2013年5月在中央电视台一套播出,填补了新疆本土原创电视剧在央视综合频道黄金时段播出的历史空白,成为令全疆各族人民欢欣鼓舞的喜事。该剧主题积极向上,故事真实感人,生动形象地再现了新疆各族群众在共产党的领导下获得解放翻身的重要经历,展示了新疆的神韵和维吾尔民族的风情,唱响了新疆各族人民共同团结奋斗、共同谋求繁荣发展的主旋律。

新疆的影视作品中,不乏在国内获奖和走出国门的佳作。2004年,具有浓郁新疆民族特色的故事片《美丽家园》在哈萨克斯坦巡

夜色中的乌鲁木齐人民电影院,人头攒动。

回上映,成为中国第一部进入中亚电影市场的影片,引起巨大反响。2006 年,新疆的少数民族题材影片《吐鲁番情歌》,赴法国和美国参加中国电影展。在十三届中国电影华表奖颁奖典礼上,新疆本土电影《大河》《买买提的 2008》分别获得优秀影片奖和优秀儿童影片奖;电影《大河》还摘得优秀编剧奖桂冠,并获得优秀导演奖和优秀影片音乐奖的提名。《真情》《会唱歌的土豆》《达列什草原》等多部作品也曾在全国获奖。

2013 年 5 月 15 日,新疆微电影节启动,引来了百余部新疆人自己创作的微电影。这是新疆现代文化的一次多彩展示。近年来一批优秀的新疆创作者拍摄的微电影在国内引起了广泛关注,《成绩单》获得了 2012 年"金鸡百花电影节"微电影奖,《吐鲁番的冬天没有雪》入围了 FIRST 青年电影节等。

新疆的城里人在电影院看电影。在广大农牧区,大家可以看露天电影。

20 世纪 80 年代,最多时新疆有 1200 个农村电影队。绝大部分农牧民一年花 1 到 2 块钱就能看 6 到 12 场电影。但 90 年代,农村电影事业严重滑坡,只有 200 个电影队能够正常运作,全疆 80% 的农牧民看不上电影。

2007 年,国家启动农村电影放映工程后,喀什成为全疆第一个农村数字电影放映工程试点地区。一辆辆流动电影放映车开往天山南北的村庄,朝着"一村一月放一场电影"的放映目标前进。

与城市相比,新疆农牧区的文体活动不多。但是,电影放映给农牧民提供了很好的社交平台。在农牧民眼中,贴着电影海报、载着数码电影放映机和高保真音响设备的电影车,就像是个满载欢乐的神奇的大盒子。平时忙完一天的农活,农民们都回家休息了。可如果哪天广播里通知晚上放电影,大伙都早早地去"村里的电影院"占座位,聊天、跳舞,个个都乐乐呵呵,像过节一样热闹。

每次播放影片前，村干部还会趁村民们都在，给大家汇报最近村上发生的大事、公用经费去向等情况。接着，先播放十来分钟的科教片，包括健康知识、实用技术和惠民政策等内容。要播放电影时，放映机灯光一亮，几百人的目光都齐刷刷地盯着银幕，一部电影把全村人的心聚在了一起。

2011年7月，伊宁县曲鲁海乡下皮芽子村电影日的那一天，电影快放完时，突然下起了大雨。一时间，放映员伊力阿瓦克力根本来不及找东西盖上放映机。就在大雨落下的瞬间，放映机上出现了一个十几把铁锹拼成的棚面，善良的农民们一个个都被大雨淋透了。在农村放映了三十多年电影的伊力阿瓦克力被此情此景深深地感动了。

毋庸置疑，电影对丰富新疆各族群众精神文化生活、促进生产力发展和社会和谐稳定发挥了重要作用。

新疆体育蒸蒸日上

体育产业是文化产业的重要组成部分。体育活动既是体育自身文化的传承，也是民族文化发扬光大的最佳平台。新疆的各族群众对体育的需求日益增长，有巨大的潜力和良好的发展前景。近年来，新疆的体育工作始终把大力发展群众体育、增强全区各族人民健康素质作为体育工作的根本宗旨。

从水深浪阔的伊犁河，到雄奇壮美的天山大峡谷；从绿草如茵的巴音布鲁克草原，到一望无垠的塔克拉玛干大沙漠……新疆大地折射出多姿多彩的文化光谱，投影在各族人民喜闻乐见的民族传统体育和现代体育运动中。新疆的体育，一头连着文化，一头连着民生。

新疆赛事广

近年来，新疆的体育产业健康发展。2010年跆拳道世界杯就是

新疆体育产业发展进程中的亮点之一,这是新疆举办的最高规格的国际赛事。有很多国家城市竞争申办。新疆充分发挥了自身"歌舞之乡"的特色和优势,加上近年来,跆拳道这项运动在新疆发展较为迅速,已经有了广泛的群众基础,最终乌鲁木齐以绝对优势获得了主办权。

  2010年7月16日晚,跆拳道世界杯隆重开幕。开幕式上出现了一个动人的插曲。一位美丽的维吾尔姑娘向世界跆拳道联盟主席赵正源赠送了一幅《富贵牡丹图》。这位姑娘名叫胡尔西旦·托乎提,来自喀什,是新疆跆拳道队的队员,她用半年时间精心绣制了这幅牡丹图。她说:"我只想表达新疆各族人民对跆拳道世界杯圆满成功的美好祝福。"现场的观众对新疆姑娘的真诚报以热烈的掌声。来自世界53个国家和地区的近500多名运动员、教练员和裁判员在三天的比赛中,展示风采、切磋技艺、分享快乐和友谊。

新疆第五届跆拳道段位品位晋升考试

环塔（国际）拉力赛第九赛段（哈密）汽车组比赛

2012年9月13日，中国环塔（国际）拉力赛正式开幕。来自全国各地的60支车队近170辆赛车参加汽车组和摩托车组的比赛。这是国内少有的高难度长距离的沙漠汽车赛事。只有新疆才具备办这样的赛事的条件。环塔是历时最长、赛道最苦的拉力赛事，需要在沙漠、戈壁、芦苇荡、无人区比赛，危险几乎无时不在。开赛以后，扑面而来的种种曲折都在考验选手的意志力。是比赛，也是探险，更像是在艰苦环境下的一种求生。

运动的魅力来自生生不息的挑战，更多的是出自一种生命的纯粹。正是在这样的赛事中，人们看到了竞技运动的角逐，更看到了人性光辉的跃动。

如今，环塔拉力赛已经成为中国最有影响力的长距离汽车、摩托车越野拉力赛事，并成功地打造出一张新疆的体育名片。

体育名片多

新疆体育竞技赛场丰富多彩,各地把打造体育精品赛事与推动体育产业有机结合,利用人文、地理优势资源,尝试培育并打造了一批有特色、有影响力的体育赛事。

如 CBA 新疆赛区比赛、环赛里木湖公路自行车赛、环艾丁湖摩托车越野赛、哈密环东天山自行车赛、鄯善国际沙漠健身休闲大会、尉犁国际露营大会、伊宁国际篮球邀请赛、新疆少儿棋类大赛、沙雅县围棋名人挑战赛,以及昭苏、木垒、和静马术比赛等众多的特色赛事。

通过积极的推介,新疆的体育赛事引起了社会的广泛关注,越来越多的企业参与其中。体育品牌赛事还带动了新疆旅游业的发展,积累了宝贵的经验,产生了良好的社会效益和经济效益。新疆体育产业的发展模式逐渐丰富,体育产业的发展空间得到了有力的拓展,体育产业的发展后劲与活力不断增强。

纪念察哈尔西迁250周年2012博尔塔拉"那达慕"草原节开幕

2016年，新疆体育还将迎来一个划时代的大事件——第十三届全国冬季运动会。2010年末，新疆正式向国家体育总局递交了申办2016年冬运会的申请，在历时一年左右的时间里，新疆最终从内蒙古、河北、辽宁等竞争者中脱颖而出，成为继黑龙江和吉林之后，全国第三个承办全国冬运会的省份。

新疆有着丰富的冬季运动资源，近年来，新疆冬季旅游、冬季户外运动不断升温，冰雪运动爱好者的队伍正迅速壮大。但设施少、分布散、规模小、训练档次低等问题制约着新疆冬季运动的发展。全国冬运会落户新疆，将会从硬件设施和人才资源两方面提高全区的冬季项目水平；同时，承办全国冬运会，利用新疆冰雪资源的优势，不仅可以提升新疆冰雪运动的水平，还有助于推介新疆冬季旅游品牌。

可以想象，即将在2016年举办的全国冬运会，在新疆这片充满活力的土地上所点燃的热情，足以融化天山之巅冰封万年的积雪。

奖牌囊中括

过去，在全国乃至世界争金夺银，新疆体育靠的多是"冷门"项目，比如摔跤、射箭、马术等新疆传统和群众基础好的项目。后来又增加了拳击、田径、射击、女子沙滩排球、女子跆拳道等多个优势重点项目。

新疆有不少优秀运动员，为新疆、为祖国争得了荣誉。

1963年，新疆女篮获得全国篮球联赛冠军，赢得了新疆篮球史上的第一个全国冠军。

1974年，第七届亚运会上，新疆举重运动员钱玉凯一人夺得1金2银，并打破了亚洲纪录。这也是新疆运动员第一次参加亚运会比赛。

1978年，第八届亚运会上，戴建华100米栏项目上夺冠，成为中国获此奖项的第一人，她获得亚洲田联奖励的一只金跑鞋，并被誉为"亚洲女飞人"。

1994年，新疆历史上第一个世界冠军诞生于第46届射击世锦赛。

新疆射击运动员李文杰获得男子步枪冠军,这也是中国男子步枪选手在世界大赛上获得的首枚金牌。

1999年,第27届亚洲拳击锦标赛,新疆拳击运动员阿不都·热合曼夺冠。

2008年北京奥运会,是自1984年中国正式参加奥运会以来,新疆参赛选手最多的一届奥运会。选手们分别来自汉族、维吾尔族、哈萨克族、锡伯族和俄罗斯族5个民族,他们分别是沙滩排球运动员王洁,拳击运动员哈那提·斯拉木、麦麦提图尔荪·琼、尼加提·玉山,马术盛装舞步运动员刘丽娜,射箭运动员薛海峰。他们的参赛项目呈现出浓郁的新疆元素,竞技水平是新疆参加历届奥运会运动员中最高的,参赛成绩也达到了一个高峰,王洁夺得了一枚宝贵的银牌,薛海峰获得一枚团体铜牌,哈那提·斯拉木获得一枚个人铜牌。

2012—2013赛季中,新疆广汇迎战山东青岛,麦蒂特雷西正望着俞长栋的跳投。

新疆广汇飞虎男篮的新秀西热力江正运球上篮

2012年伦敦奥运会，新疆籍运动员在奥运史上的首枚金牌诞生了。李雪英在女子举重58公斤级项目上获得冠军，成为得过全运会冠军、亚运会冠军、亚锦赛冠军、世锦赛冠军、奥运会冠军等大满贯的举重新星。

2012年，新疆运动员在国际比赛中荣获金牌3枚，银牌3枚，铜牌1枚，在全国比赛中荣获金牌21枚，银牌24枚，铜牌44枚。

新疆飞虎男篮的啦啦宝贝

新疆还有一支充满活力、激情四射的球队，承载着两千万新疆人的篮球冠军梦。那就是新疆广汇飞虎男篮，近年来在CBA（中国男子篮球职业联赛）中愈战愈勇。在2008年到2011年的三个赛季中，新疆飞虎连续三年获得CBA亚军成绩。

在国内外一场又一场的体育盛事中，新疆健儿奋力拼争，留下了闪光的足迹，为新疆、为祖国争得了宝贵的荣誉，成为无价的精神财富。在他们身上，折射出新疆体育事业的无限活力和竞技体育的累累硕果。

和竞技体育一样，新疆的群众体育开展得有声有色。新疆人爱运动，因为运动使人健康，运动使人快乐。运动使新疆人在工作和生活中都充满了活力。

近年来，新疆建设了大批现代化体育场馆设施，努力构建结构合理、功能齐全、实用高效的全民健身设施体系，更好地满足广大群众多样化的健身需求。随着全民健身场馆建设高潮迭起，群众体育的组织网络建设也越来越成熟。目前,新疆已有几十个单项体育运动协会,爱好健美的人们去健美协会,爱好登山的人们去登山运动协会,爱好航模的人有航模运动协会……当大家找到了"组织",就可以和志同道合的人们一起交流心得,既提高了自己,又愉悦了心情。各种体育协会发挥着越来越重要的作用,得到了各族人民的喜爱与支持。

蓬勃发展的旅游业

新疆旅游资源丰富,有很多"最"。大湖泊、大草原、大冰川、大沙漠都独具魅力,天池、葡萄沟、喀纳斯、赛里木湖、那拉提草原等景区在国内外已经具有很高的知名度。

对于其他省份的人来讲,新疆是一个比较遥远的国内旅游目的地。

阿贡盖提草原上的哈萨克妇女举着鹰等待与游客合影

喀纳斯湖

遥远就会让人产生神秘感。保持神秘感、提供不一样的自然景观和文化景观体验,是新疆的魅力。

如今,包括丝绸之路旅游、特种旅游、原生态旅游、摄影旅游、民俗风情旅游和冰雪旅游在内的新疆六项特色主题旅游,正以其独有的品牌魅力在国内外旅游市场显现强大的吸引力。

新疆冰雪旅游的特色是什么?这个问题和世界滑雪的起源地有关。

世界滑雪的起源地难道不是欧洲?是的,最早的起源地应该在新疆的阿勒泰。滑雪起源于北欧的有力证明,无外乎是在挪威北部小岛发现的公元前2500年左右的滑雪人岩画,还有在瑞典那姆特兰省发现的约有4500年历史的滑雪板。然而,在阿勒泰敦德布拉克岩棚画中的滑雪狩猎图表明,古阿勒泰人早在距今一万年左右就已学会了滑雪。

两片松木板、两溜马腿皮、两根牛皮绳，就成了一副毛滑雪板，真可谓大巧若拙、浑然天成。几千年前，远古的游牧民族就是脚踩着这样的毛滑雪板，在万里雪原风驰电掣般地追逐着猎物。

中国滑雪协会在阿勒泰发表《阿勒泰宣言》时称："经过认真的考察和研究，我们向世人郑重宣布，中国新疆阿勒泰地区是世界滑雪最早的起源地。"

阿勒泰拥有"人类滑雪最早起源地""中国最美雪乡"等多个旅游品牌。阿勒泰市的将军山滑雪场是国内外罕见的居于城市中的高山滑雪场，山势落差大，雪期长、雪质优，已被国际滑雪联合会认证为世界一流的滑雪场。

冬日的新疆不仅是古丝绸之路上的神秘之地、歌舞之乡，更是一个冰雪王国。经过多年的努力，白雪变"白银"，冰雪这个冷资源逐渐变成了热经济。新疆的冰雪旅游市场日渐成熟和繁荣，产业规模基本形成，成为新疆旅游业新的增长点。

乌鲁木齐南山水西沟丝绸之路滑雪场，教练在传授滑雪技巧。

1997年，新疆旅游局与民航部门共同推出"一张机票游新疆"活动，揭开了冬季旅游的序幕；1999年，新疆在阿勒泰举办了首届冰雪艺术节。2002年，新疆推出了"丝绸之路冰雪风情游"。全疆各地也以多种形式连续不间断地举办各具特色的旅游节庆活动。

2006年以来，新疆连续举办冬季冰雪节暨冬季旅游博览会，目前已是中国西部规模最大的冬季旅游节庆活动，也成为新疆旅游业向西开放的窗口。来自欧美、日韩、中亚、西亚的旅行商连续多年参展参会，增强了新疆冬博会品牌的国际化趋势。

2006年冬博会举办以前，新疆每年冬季旅游接待人数为90多万人次。到2010年冬季，新疆旅游接待人数已达1100万人次。乌鲁木齐、吐鲁番、阿勒泰等地区逐步从新疆冬季旅游发展中抢占先机。

2011年，新疆举办了乌鲁木齐丝绸之路冰雪旅游节、阿勒泰国际古老滑雪节、巴里坤冰雪文化旅游节、天山天池冰雪节、喀纳斯冰雪风情旅游节、昌吉乡村冰雪风情节、石河子军垦文化冰雪旅游节、塔城民族文化冰雪旅游节等多个以冰雪为主的冬季旅游活动。

红红火火的冰雪风情游，加"热"了相关

乌鲁木齐南山板房沟大峡谷上的登山者

新疆丝绸之路滑雪场的滑雪塑像

产业。除了让当地的从业人员直接受益外,冰雪旅游还使新疆民航业的冬季客座率逐年上升,继而带动了新疆酒店入住率的提高。过去,冬季是旅游淡季,酒店入住率较低,现在乌鲁木齐各大酒店入住率保持在 70% 左右。冰雪旅游的蓬勃发展,使新疆成为滑雪企业的必争之地。2006 年,新疆仅有简易滑雪场 4 家,目前已有 200 余家,其中 S 级滑雪场 23 家。

2000 年,中国国内旅游交易会在新疆召开,让新疆的夏季旅游有了爆发性的发展;2016 年,全国冬季运动会将在新疆举办,必然会催热新疆的冬季旅游。可以预见,通过承办 2016 年全国冬运会,新疆冬季冰雪旅游也将迎来前所未有的发展良机,新疆旅游的"四季歌"将唱得更响亮。

除了冰雪旅游,新疆还有神奇独特的探险旅游。

一个又一个的"最"和"第一",都是新疆发展探险旅游的最好

被称为"神的后花园"的禾木景区,游客们正骑马上山。

条件。中国最大的沙漠、世界第二大沙漠——塔克拉玛干沙漠,在新疆;中国最高的冬季天然冰场——天池,在新疆;中国最大的冰川——喀喇昆仑山上乔戈里峰北坡的音苏盖提冰川,在新疆;新疆还是中国对外开放山峰最多的省区,世界第二高峰乔戈里峰,也在新疆。沙漠探险、塔河漂流、冰川攀岩,只有在新疆才能进行这些充满刺激的探险项目,获得精彩的人生体验。

冰雪旅游和探险旅游只是新疆旅游的两个特色品种。

新疆可供开发的旅游资源非常丰富,并且旅游资源总量大、类型多、品位高,其中部分旅游资源在中国乃至世界上都属于独有或稀有,有很强的开发优势。改革开放后,新疆旅游业从无到有,从小到大,突破了重重关卡和困难,逐步发展壮大起来。

新疆旅游资源布局

布局	具 体 名 称
1个品牌	丝绸之路文化旅游品牌
2个精品	喀纳斯、那拉提自然生态旅游区,喀什、吐鲁番民俗文化旅游区
3条环线	丝绸之路北道神秘之旅环线、丝绸之路中道浪漫之旅环线、丝绸之路南道追寻之旅环线
4个名牌	天池自然风光旅游区、乌鲁木齐南山生态与滑雪旅游区、昌吉乡村旅游区、赛里木湖高山湖泊旅游区
5个培育	伊犁河谷草原文化旅游区、阿克苏龟兹文化旅游区、巴音郭楞蒙古自治州大漠生态与特种旅游区、哈密丝路驿道旅游区、和田美玉之都旅游区
6大产品	冬季冰雪旅游、乡村及民俗风情旅游、边境旅游、特种旅游、红色旅游、工农业及商务旅游

目前,新疆旅游业已形成了以"丝绸之路文化"为核心的旅游产品开发体系,总体布局为一个世界级文化旅游品牌,两个世界级精品旅游区,三条丝绸之路旅游环线,四个名牌景区,五个重点旅游区,六大特色产品系列。新疆旅游业正在大跨步走向灿烂的明天!

新疆美食遍天下

新疆是东西方文明交汇之地,也是东西方饮食文化交汇点。新疆人在特殊的地理、气候和人文环境中繁衍生息,各民族创造出了特色鲜明的美食,让食客们回味无穷。经过改良后,新疆美食品种繁多,精致美味,以独特的魅力在丰富多彩的中华美食中独树一帜。

新疆菜的食材以牛羊肉、乳酪蔬菜为主,面食风味独到,烹调方法以烤、炖、煮为主;新疆菜的口味以香辣为主,入口带劲,这与新疆人风风火火的豪爽性情相映成趣。新疆饮食的一大特色是盘子大、分量足,烤全羊、大盘鸡、手抓肉,显示了新疆人的大气。同时,这也和新疆的地理环境有关,空旷的地域注定了新疆菜品的"粗犷"。因为吃了高热量的肉,才能经受长途跋涉,跨过大漠大河。总之,新疆菜,无论是食材还是吃法,都透着一股狂野劲儿。

吃着新疆饭,还能感受五味人生。都说谈恋爱就像吃拌面,把各

维吾尔族传统饮食——馕

农贸集市上的烤包子摊

种配菜和调料拌匀了才能将美味发挥到极致,适当的时候吃点醋更有一番风味;生活就像一盘抓饭,看似几种简单的原料,细细品尝却是极品美味,内容丰富;命运就像一串烤肉,总是肥瘦结合,没有人是一帆风顺的。

随便进家新疆饭馆,就可能听到新疆人这么点菜:"老板!来个拌面,加个面,再来十串烤肉!"这么多饭悉数下肚,顿时浑身有了劲儿。用新疆人的话说,这饭吃得扎实。

近年来,新疆的餐饮业也迈出了扎实的步伐。

多年来,新疆特色餐饮一直"养在深闺人未识",新疆菜在人们的观念中还没有普及开来。2011年,新疆出台了《关于促进新疆特色餐饮业发展的政策措施》和《新疆餐饮业发展规划》,决定采取有针对性的措施,挖掘、创新、提高新疆民族特色餐饮业整体水平。

2011年以来,新疆提出打造具有浓郁民族特色和境外风情、能够满足本地与中外消费者多样化需求的餐饮大市场。同时,全方位

手抓饭

推进特色餐饮原材料生产、烹饪、研发、培训、标准制订一体化进程,率先将新疆建成国内一流、国外知名的清真餐饮基地。

第二届中国—亚欧博览会期间,新疆举办了第二届清真美食文化节、特色餐饮产业发展论坛、全疆特色餐饮烹饪技术比赛,并在乌鲁木齐市规划建设了"新疆美食城"和"新疆特色餐饮文化产业园",打造了"欧亚美食风情园"。

麦当劳、肯德基等洋快餐已经在中国的大中城市风靡多年,新疆本土餐饮中也出现了一个与之分庭抗礼的快餐品牌——百富餐饮。百富餐饮最大的特色就是"快餐中的新疆味道"。鸡香如意抓饭、馕比萨、大漠烤鸡、尼雅烤饭……各种带有浓郁新疆风味的美食吸引了越来越多的人。因为口味比较适合西北人,百富在西北五省区受到了消费者的肯定。目前在新疆、甘肃、宁夏、西安等地已有90多家分店。百富加快了挺进广阔的东部市场的步伐,将成为内地人了解新疆美食的纽带之一。

和百富餐饮一样,新疆的馕也忙着"滚"向内地,香飘世界。

馕是新疆少数民族的传统美食,犹如盛开在新疆美食之林的一枝鲜艳的奇葩。在新疆,无论城市还是农村,随处都可以买到好吃的馕。但已经成为餐饮品牌的,要数阿布拉和苏来曼了。这两家企业不但在北京、上海、山东等地开设了分店,他们的馕还"滚"到了美国、德国、马来西亚、吉尔吉斯斯坦,并且在当地备受欢迎。

目前,"阿布拉的馕"在新疆有21家连锁店,67个品种,一个星期吃一种，一年才能吃完阿布拉所有品种的馕。我在喀什疏勒县出差时应朋友要求，去阿布拉买了两箱馕，一箱装了五个。记得买馕那天，在寒风中排队等了二十多分钟。这两箱馕跟着我进机场、过安检，然后上飞机，馕的香味就这么伴了我一路。当朋友接过馕时，迫不及待地掰下一块，放进口中，顿时唇齿留香，满心欢喜。

作为新疆特色餐饮走向全国的突破口和排头兵，早在2003年，馕就首次登上乌洽会（中国乌鲁木齐对外经济贸易洽谈会）的大舞台，并受到中外客商的青睐。苏来曼公司的蛇形馕让大家有点疑惑了，造型这么奇特的馕买回家会不会舍不得吃啊？阿布拉公司还把"阿布拉馕"的历史制作成了电视节目。

新疆的特色餐饮还创造了一些有趣的记录。

2003年10月，世界上最大的馕坑在吐鲁番市著名葡萄沟景区诞生了。这个建在山坡上的巨型馕坑，用吐鲁番白杨木搭建，高8米，直径10米，辅道长40米，馕坑取火焰山黏土，配以牛羊毛、秸秆，

吐鲁番世界大馕坑

按照维吾尔族民间馕坑建筑结构结合现代建筑工艺建设而成，看上去有一间房那么大。

世界大馕坑启用一次，需要两吨上好的新疆无烟煤和500公斤吐鲁番葡萄枝、桑树枝，火力相当猛。馕坑首次开火那天，新疆的打馕高手"出炉"了一只90公斤的烤全牛，还同时烤制了一匹骆驼、两头牛和十只羊。2009年8月，在第十八届吐鲁番葡萄节上，工作人员用这个馕坑烤制出了两头分别重约400公斤的烤全牛。

最大的馕坑，烤出最大的馕。上好的食材，催生富有特色和发展前景的新疆餐饮。

在餐饮业，过去有一种说法，认为新疆的特色餐饮是"一流的原料、二流的加工、三流的包装、四流的价格、五流的品牌"。其实，近年来，新疆的知名餐饮品牌越来越多。新疆人在餐饮加工、包装上越来越懂得花心思和下功夫。

近年来，新疆餐饮业以每年超过20%的增速做大做强，一些知名品牌和特色餐饮业也通过引入现代连锁经营模式，进入内地市场。五月花抓饭、苏氏牛肉面、马木提烤包子曾入驻北京奥运会餐厅，并在沿海地区开设连锁店。新疆知名餐饮企业"火宴山"跻身竞争激烈的北京餐饮市场。新疆大盘鸡、抓饭、拌面、馕品也相继落户北京、上海、广州等一线城市。

新疆美食让疆内外游客通过味觉再次感受新疆人的热情、豪迈，新疆的传统大盘系列体现着新疆胸怀，展示了新疆大气魄的形象。新疆美食抓住了你的胃，也就抓住了你的心！

活力新疆

关爱各族老百姓

新疆正在吹响保障和改善民生的进军号。"民生"成为新疆166万平方公里土地上的热词、关键词,"关注民生、重视民生、保障民生、改善民生"成为自治区上上下下的共识和行动。

新疆用"新疆效率"书写出一个个富民、强民、惠民的奇迹。在就业、教育、收入分配、医疗、养老、住房等领域,一大批重点民生重点实事工程接连开工,一件件事关百姓冷暖的民生大事,让各族群众喜笑颜开。民生就像一个磁场,正在吸聚全疆各族群众为建设幸福美好的家园而努力!

就业收获希望

"我对这个工作非常满意,有工资,还给我们交着社保,稳定了,没有什么后顾之忧啦。"乌鲁木齐市一位蔬菜直销店店员对她现在的工作很满意。

"在政府的关心和帮助下,现在我已走上社区公益性岗位1年了,每月工资500元,还为我交'三金'。"新疆塔城市一位社区工作人员对她现在的工作很满意。

"我拿着政府提供的3000元就业援助金开了这家小店,以后生活不发愁了。感谢党和政府的好政策,我们一定会珍惜来之不易的创业机会。"和田市一对下岗职工开了一家健康药物桑拿房后,对未来的生活充满了信心。

他们属于同一个群体——"零就业家庭"。

"零就业家庭"是最困难的就业群体。为了尽快改善"零就业家庭"的生活,新疆提出"3个月内解决零就业家庭就业"。

安排到哪里呢?通常是公益性岗位,如社区协管员、保洁员、国营蔬菜直销店员、城市客运协管员等。愿意自主创业的城镇"零就业家庭"的劳动力,对启动资金不足的给予社区就业援助金,帮助他们从事微利项目,灵活就业。

未就业大学生的就业难题,越来越受到社会各界的关注。2010年,新疆实施了"少数民族普通高校毕业生赴对口援疆省市培养"工程,并鼓励大学生自主创业。

2010年,新疆出台了《关于进一步促进大中专毕业生就业的试行意见》,计划到2014年底,通过多种手段,力争使2009年底以前毕业的未就业大中专毕业生和2010年至2012年毕业的高校毕业生基本实现就业,总计28万人。

同时,新疆各地州都在挖掘机关事业单位的岗位,面向社会公开招录;鼓励大学生到企业去就业,政府部门牵头与企业进行岗位对接;鼓励大学生自主创业,或到基层、到农村去就业。

2011年,和田的一位姑娘奔赴距家4000多公里的北京,在首都师范大学接受为期2年的岗前就业培训。因为北京市对口支援和田,所以她两年学习期间的学费、食宿费、生活补贴和一年一次的探亲费等,全部由北京市和自治区政府承担。

新疆师范大学2009级支教老师表演话剧

新疆在破解少数民族大学生就业难的问题上采取了一个创新之举。那就是组织一部分未就业大学生到内地支援省市去进行培养，帮助他们提升能力、素质，改善他们的语言能力，以便更好地让他们实现就业。

除零就业家庭、未就业大学生，农村富余劳动力是新疆第三类就业重点群体。

2005年起，新疆开展农村富余劳动力转移就业工作，此后平均每年实现160万人（次）转移就业。

面对越来越多从南部绿洲农业中走出的青壮年农民，新疆鼓励农村富余劳动力向石油天然气、煤电煤化工等重点产业，以及向城镇基础设施建设、房地产开发等第三产业转移就业；组织农村富余劳动力参与公路、铁路等重点基础设施建设以及农田水利、防病改水等新农村建设等。

新一轮全国对口援疆工作开始后，长期以来困扰新疆的就业难

在自治区级民生工业示范基地伊宁市喀赞其民族手工业基地，姑娘们正在手工刺绣。

作画的年轻人（伊宁喀赞其民俗旅游区青年就业创业见习基地）

问题有了实质性的突破。各对口支援省市结合新疆受援地区实际，启动了一批现代农业、农副产品深加工等劳动密集型项目，吸纳了一大批城镇未就业人员，以及农村富余劳动力，成为新疆解决就业的一条重要途径。一系列积极的就业政策，使新疆在就业方面取得了近10年来的最好水平。

就业是民生之本。在新疆，就业问题关乎社会稳定与和谐。一位新疆零就业家庭的劳动力发出这样的感慨："有了工作，生活就有了保障，做人也有了尊严。"万丈高楼平地起，多解决一个人的就业问题，新疆的大建设大发展也就多了一砖一瓦。

会双语的新疆娃

你听过维吾尔小姑娘表演河南豫剧吗？"刘大哥讲话理太偏，谁

蒙古族小学生

说女子享清闲……"听这发音,字正腔圆,还带着些许的河南味儿呢。喀什地区莎车县佰什坎特镇双语小学的文艺汇演上,五年级女生祖丽米热声情并茂地唱起了《花木兰》。谁说汉语是世界上最难学的语言?在新疆,有很多维吾尔群众能说很标准的汉语。

新疆是个多民族、多文化的地区,2200多万人口中,维吾尔人口占46%,汉族人口占40%,这就决定了维语和汉语是新疆使用率最高的两种语言。

1981年,新疆教育部门规定,从小学四年级起开设汉语课,直到高中毕业。从此以后,新疆的民族小学真正开始开设汉语课。1987年,自治区政府正式发出文件,要求"少数民族中小学的汉语教学,从小学三年级起要一直坚持到高中毕业,1995年前后,要使县镇以上绝大多数民族高中毕业生,在听、说、读、写方面基本上达到民汉兼通。"

从此,越来越多的小学开设了双语课,越来越多的少数民族孩子掌握了双语。

乌鲁木齐妇联红旗路托儿所,老师正在上课。

四年级、三年级、幼儿园,新疆双语教学的起点越来越早。2004年,新疆确立了"双语教学从小抓起,从教师抓起"的工作思路,重点在7个地州(伊犁哈萨克自治州、塔城地区、阿勒泰地区、阿克苏地区、克孜勒苏柯尔克孜自治州、喀什地区、和田地区)及9个县(和静县、尉犁县、若羌县、木垒县、伊吾县、巴里坤县、吐鲁番市、托克逊县、温泉县)实施双语幼儿园建设工程和保障工程,计划到2012年普及学前两年双语教育。

喀什疏勒县塔孜洪乡墩克什拉克村,南疆地区第一所村级双语幼儿园就在这里诞生。之所以夺得了这个第一,是因为村里曾有一个农民因为不懂汉文,把农药误当成化肥,造成棉花绝收。村干部一致认为,无论是农民的发展,还是村里面的发展都需要懂汉语。于是村里下决心开办了双语幼儿园,想从娃娃开始,把汉语教学抓起来。

2008—2012年,国家和自治区共投入50亿元资金,实施学前双语教育工程,新建和改扩建2237所双语幼儿园。双语幼儿园在新疆乡村"遍地开花",孩子们在家门口就能接受到双语教育。

乌鲁木齐市水西沟镇双语幼儿园。这是乌鲁木齐市第一家农牧区双语幼儿园,可接收120名孩子入园。幼儿园分大、中、小班,食堂、保健室、多功能室等一应俱全。很多农牧民家长得知镇上开办了双语幼儿园后,都积极地给自己的孩子报了名。小朋友们在幼儿园里学习、玩耍,用双语和老师、小伙伴们交流,个个都很开心——这样欢乐的场景,会让人不由地微笑,仿佛已经看到孩子们美好的未来。

吐鲁番地区,是新疆种植经济作物最早又最广的地区。不少掌握双语的中小学生成了家里的"小翻译"。外地客商来收购瓜果蔬菜谈生意时,会双语的孩子就在父母旁边"同声传译"。家长们越来越多地看到了双语教学的好处,从一开始不太理解双语教学,转变为生怕孩子学不好双语。而学双语的孩子们也越来越喜欢双语课,喜欢去学校。

从某种意义上说,掌握"双语"也是多了一种谋生手段。掌握的语言越多,走的地方就会更多,进入社会后才能更加得心应手,这是很简单的道理。推行双语教学,并不是说用一种语言去代替另一种语言,而是让少数民族学生做到民汉兼通,一方面要掌握母语,另一方面要学好汉语,同时有条件的要掌握一门外语,这对一个人今后的发展、对整个民族整体素质的提高意义不言而喻。

为进一步提高双语教学质量,2011年,新疆将双语教育工程列为2011年22项重点民生工程之一。新疆实施了双语幼儿园建设规划和学前双语教育发展保障工程,总投资40.2亿元,用作幼儿园公用经费、幼儿生活补助、幼儿读本免费补助,并为每所幼儿园配备教学及生活设施设备。2012年,新疆拨款0.31亿元,用于完成全疆范围内15218个班级、285个计算机教室的设备配备,同时启动双语远程教育资源库建设,进一步扩大中等职业学校免住宿费、免教材费政策范围。

如今,学汉语、懂汉语光荣,做一个双语人光荣的思想已在新疆各族群众中深入人心。大家越发认识到,在市场经济环境中,掌握双语是少数民族发展经济、科技、文化、教育的必由之路。

所以,当在新疆遇到少数民族,完全可以很流畅的和他们用汉语交流。若在少数民族聚居的地方,比如南疆的农村,也不必担心沟通不便,因为双语教学已经培养了越来越多的"小翻译"。

在新疆,比"双语"教学更利于少数民族孩子学语言的形式,就是到内地"留学",接受高中阶段的学习——"内地新疆高中班"(简称"内高班")。

为使边远地区少数民族学生能够接受更高水平的基础教育,从2000年起,国家和新疆在内地发达城市开办内高班。

一位内高班学生曾这样说:"从出门、上火车、下火车、在学校的吃穿住学,一路走来,我们身上凝聚着各界的关爱。"

十多年来,国家在内高班工程上投入10亿多元,培养了数万名

内地高中班的学生们

新疆各族学生。承办内高班省市的各级政府、相关部门和学校投入了大量人力、物力倾心办学。他们以优质的软硬件条件为新疆学生学习提供了良好的平台。为了给新疆学生提供舒适的环境，内高班改造校舍，尤其是在新疆学生的饮食上，作出各种努力，如新建清真餐厅、聘请新疆籍厨师、运来新疆当地的馕坑、烤制地道的新疆馕饼等，尊重和维护新疆学生的清真饮食习惯。

新疆各族群众送子女到内高班学习的热情越来越高，报考内高班的学生人数逐年增加。内高班的毕业生或继续深造，或在内地就业。大部分毕业生选择回到新疆，成为建设家乡的新生力量。

"中央新疆工作座谈会的召开，让我看到了家乡跨越式发展的新希望。我的家乡还不发达，美丽的新疆需要人才去建设。作为新一代大学生，享受了祖国那么多爱，理应作出这个选择。"这是一位读过内高班的高校毕业生说的肺腑之言。他放弃了在内地发达城市生活和高薪工作的机会，回到新疆，建设家乡。

温泉县第一中学，现代化的操场和塑胶跑道。

在内地学习和生活的 4 年里,新疆孩子和内地学生一样,享受到内地优质的教育资源,亲身体验到内地日新月异的变化,开阔了眼界,增长了见识。他们更加深刻地感受到祖国大家庭的温暖和内地人民的关爱。

实践证明,内高班人才培养工程是新疆教育事业的创新之举,更是造福新疆各族群众的"民生工程"。

如果把新疆教育比作一颗参天大树,双语教育和内高班只是这棵树上两个茂密的分支。新疆的教育事业已从过去的非常低下发展到今天的枝繁叶茂。

旧新疆,现代意义上的学校少之甚少。新中国成立初期,新疆教育水平低下,发展非常缓慢。1949 年,全疆 400 多万人口中,仅有 1335 所小学、9 所中学、1 所高等学校,全疆仅有民族教师 7015 人,少数民族学生 18 万多人。学校房舍简陋,办学条件很差。文盲率高达 90% 以上。

1995 年,新疆启动"两基"教育工程,即基本普及九年义务教育和基本扫除青壮年文盲。历经 14 年的艰苦奋战,新疆"两基"工程在 2009 年通过国家验收。如今,新疆普及九年义务教育的人口覆盖率接近 100%,小学、初中学龄儿童(少年)入学率达到 98% 的目标也实现了。2000 年第五次人口普查时,新疆常住人口文盲率为 5.62%,到 2010 年第六次人口普查时,新疆常住人口文盲率已下降到 2.36%。

新疆教育事业的发展是以巨大的教育投资为基础的。

为了保障适龄学生接受九年义务教育,2003—2005 年,新疆投入 3 亿多元,对全区 228 万名义务教育阶段的贫困家庭学生实行义务教育阶段"两免一补"政策,即免除学杂费和教材费,向贫困寄宿学生提供生活费补助。2004 年起,国家投资 6.8 亿元,解决牧区少数民族孩子上学难问题,在新疆 28 个未实现"两基"的县建设 364 所农牧区寄宿制学校,在已实现"两基"目标但巩固提高有困难的 34

个县建设寄宿制学校。2006年，国家和新疆拨款7.56亿元，实施新的农村义务教育经费保障机制，全部免除农村义务教育阶段学生的学杂费。从2007年秋季开始，国家和新疆投入1.29亿元用于资助5.1万名普通本科高校、高等职业学校特困生和9.5万名中等职业学校特困生，其中70%为少数民族学生。

2000年到2010年的十年间，新疆各类学校累计完成300多亿元的教育基本建设投资，各类学校校舍建筑总面积由3000多万平方米增长到5000多万平方米。十年间，新疆各类教育的投入逐年增长。巨额的教育投入，从根本上改善了新疆各类学校的办学条件。

走在天山南北的农村，学校的面貌焕然一新。以前随处可见的干打垒土房校舍，早已消失不见，几个班的学生挤在一个教室上课的情形也不复存在。即使在一些经济条件较差的地区，不少农村学校也配有教学楼、图书馆、实验楼、食堂以及草坪足球场、多媒体语音室等先进教学设施。宽敞明亮的教室里传出琅琅的读书声，孩

远程教育系统日臻完善

子们在操场上自由奔跑，食堂里提供营养卫生的学生餐。随着办学条件的极大改善，农村中小学生能够在良好的环境中学习，在书香的氛围下成长。

"十年树木，百年树人"。新疆未来的发展，关键靠人才，基础在教育。教育支撑新疆跨越式发展和长治久安的能力必然会越来越强！

健康的保障

47岁的达吾汗，从小就喜欢和动物待在一起，以放牧为生，从没想过有一天会得肝包虫。被确诊后，本想去乌鲁木齐的大医院看病，但想到两个孩子还在上学就犹豫了。后来他听朋友说，尼勒克县医院有个"网"，能看到乌鲁木齐的大专家，可以通过电脑现场指导县上的医生进行手术。

2013年4月，尼勒克县人民医院的医生在新医大一附院专家的远程会诊指导下，为达吾汗成功实施了肝包虫手术。半个多月后，达吾汗的手术伤口就愈合了。他不禁感慨：'网'这个东西真神奇，不用出门就能让乌鲁木齐大医院的医生给我做治疗。"

目前，在新疆有越来越多像达吾汗一样的患者，受益于基层医疗卫生事业的发展。自2008年新疆开展远程医疗建设以来，新疆已有两家三甲医院成立远程医疗技术中心。通过远程会诊，绝大多数患者愿意留在基层医院治疗，在一定程度上缓解了看病难的问题。

靠着电脑和网线，就能实现远程会诊，这在几十年前的新疆，几乎是无法想象的。

新中国成立以前，新疆各族人民缺医少药，饱受各种传染病和地方病的危害。1949年，新疆只有54个医疗机构、696张病床，每万人只有1.6张病床、0.19名医生，而且卫生机构都集中在少数城市

活力新疆

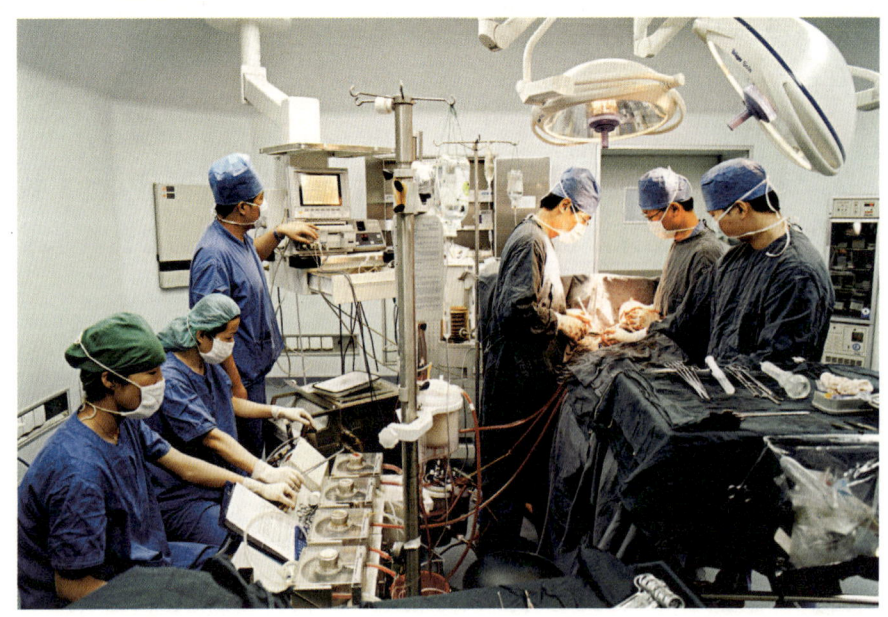

医疗条件不断提高

（镇）。而新疆乡镇卫生院医疗水平很差，软硬件都难以满足当地农牧民的就医需求，治个小病都要跑到十几公里以外的县城医院，大病就得往乌鲁木齐的大医院跑。

2009—2011年，新疆累计投入20.17亿元，用于82个县市医院和1200所基层医疗卫生机构建设，使新疆基层医疗卫生基础设施明显改善，设备装备基本满足基层群众基本看病就医需求。

如今，新疆所有县（市）都有医院、卫生防疫站和妇幼保健机构，乡乡都有卫生院，村村有医疗点。农牧民缺医少药、备受疾病折磨的历史已经结束。医疗水平有了很大提高，自治区及地州的一些大医院已装备了一大批现代化诊疗设备，医疗专业分科日趋完善。

作为医疗卫生改革的一部分，公共卫生服务惠及新疆的千家万户。

面对老百姓看病难、看病贵，新疆采取了多种手段缓解这一难题。

2003年，新型农村合作医疗制度在新疆试点并铺开（以下简称"新农合"）。2010年，更多的农村低收入群体也享受到了新农合这项好政策。新疆允许以农牧业生产为手段的非农人员、具有外埠农村户籍且在新疆农村居住满5年的人员参合。近年来，新疆新农合的参合率稳定在99.7%，居全国前列；人均筹资标准从2010年的150元提高至2013年的350元，最高支付限额提高至8万元。

2011年"民生建设年"中，新疆农村的先心病儿童得到了"春苗工程"的救助。参加了新农合的农村儿童，都可以得到免费救治。低保户、五保户等贫困人口享受了更多的补偿优惠政策，参合率达到100%。

从2012年开始，新疆新农合重大疾病保障范围新增了12种常见疾病，使得新农合能够惠及更多百姓。截止到目前，新疆农牧民参合率已达99.7%。

新疆实施新农合10年来，以看得见的实惠赢得了越来越多的民心。

哈巴河县的严月英老人患病后，在乌鲁木齐一家三甲医院做了手术。总共需要7.8万，经过两次新农合报销加上大病救助的2万元，

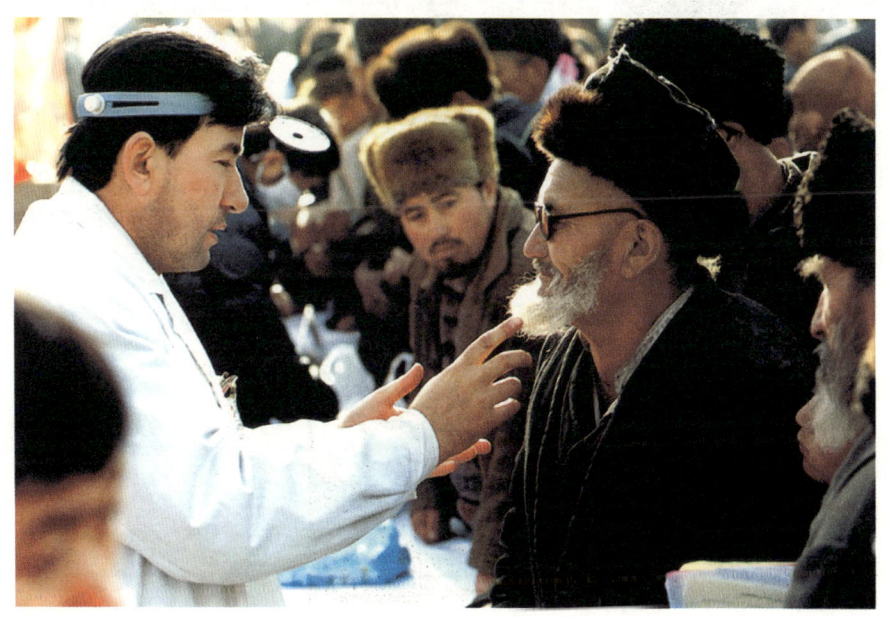

医生为老年人体检

一共报销了6.1万元，老人只需自己支付1.7万。因为，老人早在2005年就参加了新农合，她高兴地说："没有新农合，我看病的钱只有借债才能还上，现在基本上不用背债了！这可解决我们家的大问题了。"

沙雅县依明·西日甫老人患有血友病，20天的治疗就要花费5000元左右。他住了八次院，医药费一共有4万多元。由于享受到新农合、药品零差价等惠民政策，他自己只花了7000多元。他说："新型合作医疗给我报销了80%，而且医生的服务态度很好，有新农合真好。"

哈密的一位沈翠兰老人患脑梗后，几年时间里去大医院花了六七万。2011年，哈密市新农合推行"免费住院"改革，农牧民一年缴纳30元新农合基金，就能实现在乡卫生院住院免费。沈翠兰老人去了乡卫生院后，果然一分钱没花。

新疆的城镇居民基本医疗保险工作，要比新农合晚四年。

2007年开始试点，2010年全面推开，新疆建立的覆盖全区城镇居民的基本医疗保险制度，重在解决城镇非从业居民，特别是困

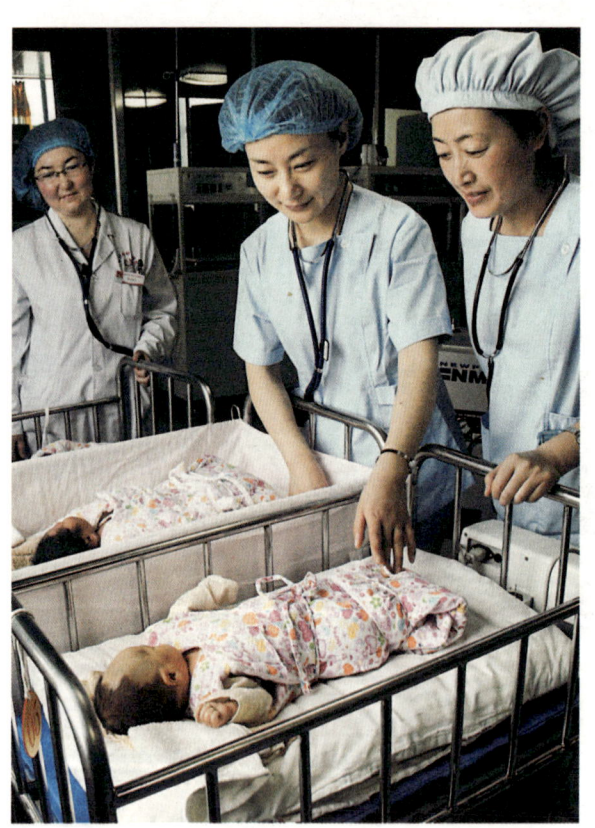

母婴保健事业日趋完善

难人群的医疗保障难题。2010年，新疆把大学生也纳入到了城镇居民基本医疗保险工作当中。

2011年起，城镇居民基本医疗保险财政补助标准，不论成人、孩子，均提高到每人每年200元，城镇居民医保的筹资标准也提高到320元。2011年，新疆职工基本医疗保险、城镇居民基本医疗保险参保人数达到583万人，参保率均超过90%。

家住乌鲁木齐市八户梁社区的克里木患病后，入院进行手术治疗，由于办理了城镇居民医疗保险，4000多元的住院费，他只花了不到1000元，其他都由政府报销了。克里木说，他以前没有想到这样的事情，"政府的好政策，给我们办了医疗卡，我心里面特别激动。"

健康是人生最大的财富。有了好的身体，才能有充足的精气神去学习、工作和生活。医疗卫生事业是健康保障的一个方面。随着新疆的医疗卫生事业不断发展，各族百姓少生病、不怕生病的心愿也实现了。

最美夕阳红

每个人都会老去，这是不能回避的自然规律。想到老了以后的生活，很多人没有安全感。对一个普普通通的老百姓而言，随着年龄的增长，每个人都会想：将来老了以后，靠什么养活自己，是否老有所依，能不能继续过着衣食无忧、体面幸福的生活？更多人还会担心自己年纪大了以后，看病吃药要花很多钱。

到2011年底，新疆60岁及以上老年人口占总人口的10.8%，养老等社会问题已成为新疆面临的严峻现实。对于新疆的每一位居民，养老金多寡不仅关系着老年人的晚年生活质量，还关乎一个家庭的幸福。新疆连续九年上调养老金。

从2005年开始，新疆连续三年从每年7月起，分别以上年企业退休人员基本养老金为基数,按上年企业在岗职工平均工资增长率的一定比例进行调整。

2012年,全国所有省份都调整了退休人员基本养老金水平。在公布养老金水平的18个省份中,新疆以人均1978元位居第五。

2013年,新疆企业退休人员的基本养老金,在2012年月人均1978元的基础上继续上调,最少的每月增发160元。这是新疆第九次上调企业退休人员基本养老金,80万企业退休人员因此受益。

在新疆的老人中,有两个特殊的群体——"五七工"和"家属工"。20世纪六七十年代,他们曾在石油、煤炭等19个行业的国有企业中从事生产自救或辅助性岗位工作,以及在城镇街道居民委员会自行组建的组织中从事生产自救工作,是没有企业正式职工身份、未参加过基本养老保险统筹的人员。

近年来,新疆不断探索解决"五七工""家属工"的养老保障问题。

据统计,新疆的"五七工""家属工"共有30万人。其中,80岁以上1万人,70岁以上7万人,平均65岁左右。把他们都纳入养老保险社会统筹后,每月新疆需支付养老金1.26亿元,每年需支付养老金15.12亿元。为此,新疆每年将增加10亿的养老保险经费。

2009年,新疆在中国率先建立了城镇无收入老年居民生活补贴办法,有11万"五七工"领取了每人每月150元的生活补贴。2010年4月,新疆出台政策,把"五七工""家属工"纳入基本养老保险社会统筹;同年7月,新疆对参加城镇企业职工基本养老保险社会统筹的离退休人员,以及纳入养老保险统筹的"五七工""家属工",按每人每月120元的标准发放冬季采暖费补贴。2012年,新疆的"五七工""家属工"月人均基本养老金951元,位居全国第一。

乌鲁木齐达坂城区达坂城镇达坂城社区的居民马文贵,就有着"五七工"的特殊身份。马文贵老人已经68岁了,从2010年起他也领上了养老金,数额从2011年每个月615元,涨到2013年的1069元。

安享晚年

他用养老金买了一辆三轮摩托车,每天拉乘客能赚50元左右。对能领上养老金,马文贵老人感到很满足:"这么大岁数了,也不能干苦工,做梦也没想到,有一天自己会有养老金。"雅安地震发生后,他和老伴商量着给灾区捐款:"有了养老金,不用为生计发愁,国家帮了我们,我们也应该帮帮别人。"

在新疆,即使是农民身份,也能在晚年享受到政府发放的养老金。

2009年11月,新疆养老保险事业迈出历史性步伐,经国务院新型农村社会养老保险试点工作领导小组批准,新疆正式启动新农保试点工作,首批13个县市列入国家试点,共有170万名农牧民可参保。

到2011年,新疆所有县(市、区)一次性纳入试点范围,并适时启动了城镇居民社会养老保险工作。全疆94个县(市、区)同步启动,比全国提前一年实现覆盖城乡居民的基本养老保险制度,在全疆范围内真正实现老有所养。同年,新疆建立了80岁以上老年人基本生活津贴制度和免费体检制度，建立了社会救助和保障标准与物价上涨挂钩联动机制，为新疆80岁以上高龄老年人按年龄段每人每月发放50—200元的基本生活津贴，每人每年免费体检一次。

2012年，新疆基本养老保险、失业保险、医疗保险、工伤保险、生育保险等五大社会保险参保人数达到了2122.9万人次，与六普全疆人口数基本相当。新型农村社会养老保险和城镇居民养老保险的参保人数分别达到496万人和31.6万人，覆盖率都超过95%。新疆的新农保和城镇居民养老保险信息系统实现了省、地、县、乡四级联网。

有这么好的政策，无论城市还是农村的老人，都不再有后顾之忧。

在很多人眼中，养老确实是一个沉重的话题。但新疆，一直在把"养老"变成让人幸福的话题。

新疆的养老理念走在全国前列，是全国第一个提出建立"社会福利园区"的省区。目前新疆40个县市和一半的地州建立了社会福利

鲤鱼山公园晨练的老人们翩翩起舞

园区，有的已经投入使用，内地很多省区都来新疆借鉴这种新理念、新做法。

为缓解"养老难"问题，实现老有所养的目标，新疆正着手构建"9073"养老服务模式，以逐步实现90%的老人居家养老，社会将为居家养老提供上门服务、关爱服务、咨询服务和心理服务，使他们在家就能享受最便捷的服务；7%的老年人在社区养老，正在打造"社区日间照料中心"，像托儿所一样早送晚接，以减少家庭抚养老人的负担；3%确实无力养老的老年人依托机构养老，由政府特别是民办养老机构为这些老人提供优质的服务，让他们安享晚年，社会福利园区就是这部分老年人的有力支撑。

目前新疆最大的一个多功能、社会化、开放式的新型综合福利院在哈密。哈密市社会福利中心采取集中管理、集中供养、集中服务的办法，使老人的晚年生活有了全面的保障。

哈密市社会福利服务中心像是一座生态公园。中心大楼的墙上有

乌鲁木齐市鲤鱼山公园，爱好健身的老人们在跳扇子舞。

幅巨画,画上的银发老人笑得十分灿烂,旁边写着:"最美不过夕阳红"。大楼里的设施样样齐全,有食堂、医务室、阅览室、理发室、裁缝室、微机室、乒乓球室、维汉电视播放室等。每周中心都会开展丰富的娱乐活动,包括唱歌、跳舞、书画、手工制作、健身等,老人们参加活动的积极性也很高。

目前,福利中心住着 375 名老人,多是孤寡五保老人、残疾人和老复员军人,60% 都是维、哈、回等少数民族。大家吃住玩都在一起,相处得很和睦,不分什么民族,好像一家人。老人们过得很舒服,心情舒畅。他们的吃、穿、用全部免费,还有过节费,衣服由护理员为他们洗。房间里处处是人性化的设计,有电视、衣柜、舒适的床、紧急呼叫铃、洁净的卫生间,还有 24 小时热水。有的老人刚来福利中心时还坐着轮椅,住了五年后,在护理员的精心指导和帮助下,已经能够站起来,慢慢走路,生活也基本自理了。

今后,像哈密市社会福利服务中心这样的养老机构,在新疆一定会越来越多。目前,新疆共有城乡养老机构 540 家,其中 414 家农村敬老院,城市社会福利院有 45 家,民办养老机构 79 家,另有社区托老所、日间照料中心 66 个。

养老,不仅是让老年人的物质生活有稳固的保障,还要给他们送上精神上的温暖。

目前,全疆约有 600 所老年大学,办学以适应老年人特点、满足老年人学习需求、提高老年人身心健康为目的,适应当代老年人对现代科技和先进文化艺术的追求。新疆的各个老年大学聚集了越来越多容光焕发、风采多姿的老人,支撑起老有所学、老有所为、老有所乐的精神家园。

石河子市老年大学成立于 2001 年初。政府每年都要为老年大学投入 65 万元,用于教育教学活动,已培训学员 5000 余名。石河子老年大学围绕老年人的需求,开设有电脑、器乐、声乐、外语、舞蹈、摄影、书法、绘画、文学等九个专业,班级总数达到 26 个,学员上千人。

让更多的老人"老有所养,心有所依",为此,新疆做出了扎扎实实的努力,也取得了实实在在的成效。

温暖的家

千百年来,新疆的房子总有着简陋、灰暗的影子。因为新疆有两种很独特的民居:"地窝子"和"干打垒"。

"地窝子"的构造是一半在地下一半在地上。掘地七尺,挖出一个深深的大坑,再在上面架上红柳条和苇把子,盖上塑料布,添上泥土,一间房子就建成了。地窝子的优点是冬暖夏凉,能抵御沙漠化地区的风沙;缺点是通风差,而且太潮,湿气很重。

后来,人们从"地窝子"搬进了"干打垒"。"干打垒"的下部

过去在新疆农村常见的土坯房,厚重但不坚固。

精河县的保障性住房,整齐划一。

墙体经夯筑而成,上部墙体用和了草屑的土块垒砌,房顶也铺有厚厚的土层。所以这种土坯房造价成本很低。一旦遇上暴雨或地震等自然灾害,看似坚固的"干打垒"就很容易发生垮塌。

很多内地支边青年对新疆最深刻的记忆,就是"地窝子"和"干打垒"。当它们成为忆苦思甜的回忆,新疆人的住房条件也发生了彻底的改变。

新疆农民的住房,解放初期住"地窝子",六七十年代住"干打垒""土坯房"。八九十年代住砖瓦房。21世纪,在新疆农村经济发达的地方,很多农民住着独门独院的小楼。

新疆城镇居民的住房,从20世纪60年代的平房、70年代的筒子楼、80年代的单元楼、90年代的两室一厅、三室一厅发展到21世纪的小高层、复式、别墅,无论城市还是乡村,都能用上安全卫生的自来水、干净卫生的液化气、独立的卫生间、有线电视和互联网，新疆人的居住条件越来越舒适。

1985年，新疆城镇人均建筑面积为14.27平方米，农村人均居住面积为12.75平方米；2011年，全部翻了一番，分别达到28.92和26.14平方米。

住房面积上去了，外观看起来气派了，房屋里面也越来越精致。改革开放前，新疆人的住房基本上没什么装修可言。到了20世纪90年代，装修细致到每个角落，从门到墙到地板，装修越来越复杂。那时，还掀起了厨房和卫生间革命，大多数家庭装修房子都要花一两万元。到21世纪，装修风格趋向多样化。人们开始突出个性，流行请专业设计师设计自己喜欢的装修风格。通常在装修上要花两到八万元，豪华装修就得花几十万甚至上百万。

温泉县的保障性住房，整齐大方。

回顾新疆人住房的变迁，似乎是随着时间自然而然地更替和新旧交接。事实上，在经历了抗震安居、定居兴牧、富民安居等重大民生工程的助推之后，新疆城乡居民的住房条件才得以有了一次又一次的改善和飞跃。

新疆是地震的多发区，从20世纪50年代到现在，新疆经常出现5级以上的地震。地震多发区的农牧民居住条件普遍简陋，抗震性能差。南疆很多地方，老百姓祖祖辈辈都住土坯房，一旦发生地震灾害，房屋倒塌，就会造成人员伤亡和经济损失，损失难以挽回。1985年，乌恰县发生7.1级地震，老乌恰县城瞬间被夷为平地，被迫迁址。

从2004年起，新疆开始在地震高发、多发地区实施抗震安居工程。从喀什地区试点推广，从南疆四地州20个县市开始启动，逐年加大工程建设资金投入。截至2009年底，新疆已累计新建、改造抗震安居房227万余户，共有980万人搬入新居，接近全疆人口的一半。

2005年2月5日乌什县地震，6.2级；2007年7月20日，特克斯县地震，5.7级；2008年3月21日于田—策勒地震，7.3级……从2004年到2009年，全疆共发生5级以上地震36次，抗震安居房无一间倒塌。抗震安居工程不仅有效地避免了自然灾害，而且极大地改善了群众的居住条件，同时也明显改变了贫困乡村的落后面貌。

2010年1月，60年不遇的暴雪严寒突袭阿勒泰地区，最低气温降到零下40摄氏度。富蕴县恰库尔图镇的村民赛力克说："以前要是遇到这样的情况，我们的日子简直没有办法过，但现在不一样了，我们再也不会挨冻了，因为我们住进了温暖结实的抗震安居房。现在，很多农牧民都准备建抗震安居房。"

2010年中央新疆工作座谈会召开后，新疆提出实施定居兴牧工程。

作为中国四大牧区之一，新疆目前有牧户20多万户，牧民120多万人。牧民共同的家园是牧区，多数牧民沿袭逐水草而居的游牧生产生活方式。因为游移不定，很多牧民过着穷日子，看病和上学都是大难题，牧区的发展越来越滞后。牧民的子女一代代地继续留在山里，过着祖辈们一直过的日子，牧区人口呈现出不降反增的态势。更严峻的问题是，超载放牧导致山区天然草地退化，关系到草原及周边地区乃至整个新疆的生态平衡。无论从牧民自身的长远发展，还是从生态系统的平衡角度来看，游牧民定居都是一项利远远大于弊的政策。

其实早在1986年，北疆牧区经济工作会议就提出，要改变传统的生产、生活方式，逐步实现牧民定居、半定居。从1986年的定居半定居，到2002年的牧民定居，再到2010年之后的定居兴牧，叫法变了，新疆改善牧民生产生活条件的思路也越来越清晰和明确。没有水就没有草，没有草就没有畜，就无法实现真正意义上的牧民定居。2010年6月，针对以往定居不定水，牧民返贫率高的问题，新疆启动"定居兴牧"水利工程。中央和地方企业出资19.45亿元，为25个贫困县援建27项牧区水利工程。牧民眼前有了"水草"、房屋，牧区人畜不再同吃一口井，也不用一年四季艰辛地转场。

牧民安居工程

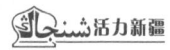

越来越多的牧民告别了"冬窝子",来到山下定居。定居房有"水电暖气厨厕浴",有抗震功能,周围有适合妇孺老幼的活动场所,有畅通的物流和信息流。牧区道路不仅宽了、亮了,道路两边也更绿了。同时,休闲广场、超市、幼儿园、服务站也步入了牧区群众的生活。牧民们在充满人性化、现代化的环境中生活得轻松、惬意。

"定居"和"安居"仅仅是第一步,更重要的是要"兴牧"和"富民"。在建房的同时,新疆提出"安居促乐业,产业促增收",那就是建房必须建设庭院,以发展种植业、养殖业、林果业、手工业加工等庭院经济,帮助农牧民致富。

2011年,76岁的拜城县低保户伊明·麻木提告别了曾经生活了大半辈子的土坯房,搬进宽敞明亮的安居富民新房。这是砖混结构的抗震房,住宅面积80平方米,三室一厅一卫一厨,同时配套50平方米的羊暖圈、30平方米的鸡舍和半亩地的菜园果园,真正意义上达到新农村建设"三区分离"的要求,即生活区、养殖区和种植区分离,同时也是"富民"的重要基础设施。

和安居富民工程一样,搬进定居兴牧工程的新居后,牧民们的物质生活变好了,更重要的是定居同时解决了子女上学、生病就医等困扰游牧民已久的难题。踏实肯干的牧民都能迅速脱贫致富。他们中,有的把牲畜交给别人代牧,自己在种植和家庭养殖上下功夫;有的开商店、经营农家乐、做生意,边经商边种地;还有的把地租给别人,自己给种地大户打工,同时有两份稳定收入。

2011年11月,吐鲁番市胜金乡牧民定居点的牧民们忙着搬进各自的新家。过去,他们在山里放了大半辈子羊,住"地窝子",吃干馕,喝大河水。牧区偏僻无法通电,也没任何家电,生活条件艰苦。更发愁的是子女上不成学,生病了也没法及时看病。现在,有了定居的新家,一切就不一样了。说起今后的好日子,大家都很激动:"我们终于告别了风吹日晒的日子。定居点规划得好,新房子很漂亮,家里用上了自来水，还能看上电视，房前就是公路……定居让我们过上了新生活。""定居后，我们就可以开商店、跑运输，发展庭院经济，再也不用靠天吃饭了。""娃娃上学有学校，看病有合作医疗，这是我们祖祖辈辈渴望的生活，我们都是抢着来定居的。"

在阿勒泰，已定居牧民家庭人均收入比定居前平均高550元，绝大部分牧民开始搞起了农区养殖业和种植业，有的还开饭馆、开商店、跑运输。

塔斯肯是阿勒泰市阿苇滩镇喀拉甘德定居点的牧民。搬进新家后，他对未来的生活充满了信心："全村的羊集中起来雇专人看管，大家都一门心思搞种植，还有做生意的。我的50只羊也包出去了，从现在开始，我只专心伺候50亩苜蓿地和小麦地，还有那5头牛，需要学很多东西呢。以前放牧的日子仅仅能混个温饱，现在政府为我们修了房子、拨了土地、盖了棚圈，还让技术员定期指导我们种地、养殖，这才是增收致富之路呢。我有信心让收入比去年至少翻一倍。"

居民新居

保障性住房建设，解决城镇贫困人口生产生活的民生工程，和安居富民工程、定居兴牧工程并称新疆的三大安居工程。

新疆住房保障范围已由城镇低收入住房困难家庭，扩大到城镇中等偏下收入住房困难家庭、新就业职工和符合条件的外来务工人员。

"一平方米租金只要一元钱，什么设施都齐全，搬进来就能住，今年冬天我们可以在温暖的新房子里度过了，感谢党和政府，住房保障政策让我们全家住上了这么好的房子。"

"住了一辈子的平房，没想到我还能住进宽敞明亮的楼房，新房内铺有地砖，并且水、电、暖齐全，搬进来就能住。"

"我们不用再搬来搬去的了。虽然住廉租房也是租房，但比较稳定，而且租金很少，大大减轻了我们的经济压力。我们住得舒心、幸福。我们终于有了自己的幸福家。"

这些都是享受到保障性住房的居民发出的感慨。

无论是在宁静的乡村，还是在繁华喧闹的城镇，新疆处处都是热火朝天的建设场景。一片片前庭后院、高低错落的"安居富民"房、一座座色彩艳丽、风情浓郁的"定居兴牧"房、一栋栋整齐划一、设施齐全的"保障性住房"正在拔地而起，共同构成新疆各族百姓安居乐业的最好图景。

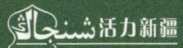 活力新疆

新疆亚克西

走进大美新疆,蓝天如此高远,我们经历过的所有天空都显得低矮。神秘的戈壁沙漠、圣洁的雪山冰峰、浩瀚幽深的湖泊、西域的万种风情,都是挥之不去的诱惑。

行进在这片神奇而壮美的土地上,仿佛仍然能看到楼兰姑娘的丝衣轻舞飞扬,金戈铁马的勇士驰骋疆场,丝绸之路的商贾往来不绝。当历史离我们渐行渐远,天山南北也早已焕发出新的神采,吸引着四面八方的人们。

新疆的经济社会发展日新月异,不断散发出鲜活的生机:山更青了,草更绿了,城市更美了,新疆人的淳朴、热情,却一如既往。

这里是新疆

维吾尔谚语说:"沙石里可以淘出金子,汗水里可以找到幸福。"从古到今,新疆人凭着勤劳不断创造出人间奇迹。

刚解放时的新疆一穷二白,没有一寸铁路,铁钉铁皮都不能造,人称"重工业"是钉马掌,"轻工业"是弹棉花,"第三产业"是烤羊肉串,1盒火柴能换2斤羊毛。1950年,驻疆的十万官兵自制砍土镘、犁杖等农具6万余件,开荒84万亩,造林1065亩,当年6月吃上了自种的蔬菜,7月吃上了自种的粮食和瓜果,第二年驻疆部队主副食全部实现自给,此后年年向国家交售大量富余的农副产品。

从1949年到2013年,64年过去了,在历史的长河中只是短暂的瞬间,却在新疆的历史上写下了辉煌的篇章。新中国成立以来,特别是20世纪70年代末实行改革开放政策以来,新疆进入了经济社会快速发展、综合实力明显增强、各族群众得到实惠最多的时期。

在中国共产党和中央政府的领导和关心下,在全国各族人民的大力帮助和支援下,新疆各族人民艰苦奋斗,锐意进取,建设美好家园,创造幸福生活,使新疆一穷二白的面貌得到彻底改变,天山南北发生了翻天覆地的变化,实现了社会发展的历史性跨越。

2010年中央新疆工作座谈会召开三年来，给新疆社会经济发展带来了显著变化。面对国际经济复苏放缓，国内经济下行压力加大的局面，新疆经济内生动力增强，经济运行一改过去下行比全国快、恢复比全国慢的被动局面，逆势上行，加速推进，经济总量、固定资产投资、公共预算收支等多项经济指标创出新高，增速跃居全国前列。各族人民的生活正在向小康迈进。

用一首新疆本土的流行音乐表达此刻的情感吧，由新疆音乐人安明亮在大学期间倾情创作的音乐作品——《这里是新疆》：

"我要来唱一唱我们的家乡，我们的家乡是最美的地方，连绵的雪山，优美的草场，草场的下面是城市和村庄；我要来唱一唱这里的人们，这里的人们勤劳又善良，这里的人们心里最渴望，渴望你见到戈壁太阳，假如你失去了生活的方向，假如你善良勇敢又坚强，只要你站在这片土地上，他们会扯着嗓子大声对你讲：你难道不知道吗，这里是新疆，是我们出生的地方；你难道不知道吗，这里是家乡，是

家庭聚会

我们爷爷生活的地方；你难道不知道吗，这里是新疆，从一片荒凉到瓜果飘香；你难道不知道吗，这里是家乡，是我们爷爷生活的地方。

　　直到有一天我离开了家乡，离开了家乡我来到了远方，来到了远方也剪断不了我，剪断不了我心中的渴望，古老苍茫家乡的土壤，是我坚强生活的脊梁；疲倦的时候，我就会看见，挺拔的白杨树站在我身旁；这就是他们赐予的力量，让我们怎能不坚强；这就是他们指引的方向，让我满怀希望迎接曙光；这就是他们赐予的力量，让我们怎能不坚强；这就是他们指引的方向，让我满怀希望迎接曙光。

　　还有许多朋友对我讲，新疆是他们向往的地方，生命的坚强，迷人的风光，还有那一个一个漂亮的姑娘；我们眼里朴实的家乡，在别人眼里就变成了天堂，说也说不完圣洁的赞美，所以我一遍一遍地大

新疆亚克西

声歌唱：这就是我们可爱的新疆，是我们美丽的家乡；这就是我们美丽的家乡，是爷爷奉献一生的地方；这就是我们可爱的新疆，是我们美丽的家乡；这就是我们美丽的家乡，多少人梦寐向往的地方。

没有人能抵抗住这种力量，就像谁也无法抑制住你的想象；这里是新疆是我的家乡，他广阔美丽天生他就是这样；喀纳斯湖水映着晚霞泛着银光，塔里木河在沙漠中间流淌；我想我渴望我歌唱我绽放，在我出生的这片土地上歌唱；我登高眺望感受吐鲁番的阳光，看着天山山脉绵延万里伸向远方；虽然我很久以前就离开了我的家乡，可是在回忆里永远都不会遗忘，我的新疆！"

这是块神奇的土地，2200多万各族人民在此血肉相连、水乳交融，因为这里是新疆！

新疆大学

大爱无疆

新疆的历史流传着诗意,有太多的英雄,有太多的浪漫。生活在山水自然中的自信滋生了新疆不可替代的文化。离天很近,远离世俗,新疆是一片山水和人心都没有被污染的净土。所以,新疆人的心纯净、滚烫。

新疆有个维吾尔族老妈妈,她的故事感动了全中国。

阿尼帕·阿力马洪,阿勒泰青河县的维吾尔族老妈妈,自20世纪60年代起收养了维吾尔、汉、回、哈萨克四个民族的10个孤儿,并把他们含辛茹苦地抚养成人。

在维语里,"阿尼帕"的意思是把人们引到正路上的带头人。她的父亲希望阿尼帕能走正路,走好路,靠吃苦的精神努力过上幸福的生活。

1960年,阿尼帕的父母在一周内相继过世。作为大姐,年仅20岁的阿尼帕要照顾6个弟妹。和同样是孤儿的阿比包结婚后,夫妇俩省吃俭用,把弟妹们抚养长大,全部送去读书。

1963年冬天,和阿尼帕一墙之隔的哈萨克邻居夫妇不幸相继去世,他们的3个不满10岁的孩子成了孤儿。阿尼帕看到这3个孩子十分可怜,就把他们接回了自己的家。之后的十年里,阿尼帕又先后收养了回族孤儿王淑珍、王作林兄妹4人,汉族孤儿金海、金花和金雪莲。加上自己亲生的9个孩子,她和丈夫抚养的孩子增加到了19个。

阿尼帕收养小淑珍时,她正流浪在街头。头上长满了头癣和癞疮,满是脓血,一根头发都没有。阿尼帕带着小淑珍四处求医问药,经过两个多月的治疗和清洗,小淑珍的头上终于长出了黑茸茸的毛发。一直到现在,王淑珍始终保留着长长的黑发,她说这是妈妈给她最珍贵的礼物。

阿尼帕老妈妈（中）

很多人都问阿尼帕，为什么家里这么困难，还要收养那么多的孤儿，阿尼帕说："我自己的娃娃有我和他们的爹，他们有什么？"

在当时那个物质匮乏的年代，多一张嘴就意味着多一份生活的艰难。在阿尼帕家里，至今还保留着一口直径一米二的大锅，见证着阿尼帕妈妈四十年的艰辛。阿尼帕妈妈和阿比包爸爸，每天就是用这口锅做出饭菜，养育着19个孩子。为了不让孩子们饿肚子，阿比包每天下了班去帮人家打土块；阿尼帕找了份洗羊肠、羊肚的工作，每天还去菜市场捡别人不要的蔬菜，春天去地里挖野菜，秋天还要出去捡麦子、收土豆。阿尼帕几乎把家里的全部收入都换成了食物。

阿尼帕夫妇的目标不仅仅是让孩子们能吃饱，还要让孩子们都去上学。19个孩子没有一个因为家里穷而辍学。虽然家里养了两头奶牛，但谁也不舍得喝奶，全部卖了换钱，用来支付学费和购买生活必需品。家里用不起电灯,阿尼帕就用破棉絮搓成条,做成小油灯,19个孩子就在这一盏盏跳动的灯光下读书学习,上完了小学、中学。

如今,阿尼帕辛苦了一辈子,已经70岁高龄。儿女们也相继长大成家,这个大家庭已是几代同堂,全家聚齐了共有180多口人。正是因为阿尼帕对这个特殊大家庭付出的艰辛,孩子们从小就知道珍惜和互相关爱。儿女们都遗传了阿尼帕善良的基因。大女儿卡丽曼说,"家里人都有一颗慈爱的心,经常帮助村里有困难的孤儿和百姓。"

当阿尼帕的故事飞过天山,飞过草原,飞过长江黄河,所有中国人都对这位伟大的母亲表示出由衷的感动与赞美,她成为2009年感动中国年度人物。

2009年度感动中国人物评选组委会给阿尼帕授予了这样的颁奖辞:"不是骨肉,但都是她的孩子,她展开羽翼,撑起他们的天空。风霜饥寒,全都挡住,清贫劳累,一肩担当。在她的家里,水浓过了血,善良超越了亲情。母爱最真!"

2011年1月17日,美国纽约时报广场播出《中国国家形象片——人物篇》,阿尼帕作为一位中国母亲的代表出现在全世界面前,头戴维吾尔族特色的花头巾,身穿鹅黄色的长袍,慈祥地微笑着。但播出当天,阿尼帕和她的儿女们还不知道有这么一回事。

面对如此崇高的荣誉,年逾古稀的阿尼帕自谦地说道:"我只是做了一个母亲应该做的事情。因为我们国家和外国都很友好,我才有机会成为形象片中的一个人物,让世界知道有我这么个人。"

像阿尼帕老妈妈一样,还有很多的新疆人,以个体的形式代表着新疆,在天山南北,在中国的各个角落,传递着新疆人的热心和大爱,传递着人性的正能量。

维吾尔族大叔卡德尔坚持40年,写下当地拥军爱民的日记;汉族姑娘王燕娜,为挽救维吾尔族兄弟的生命,无偿捐献肾脏;阿里木江·哈力克，在异地他乡以卖羊肉串谋生，用微薄的收入资助了数百名贫困生；艾尼瓦尔·芒素，这位"私车公用大叔"自掏油费和过路费，免费接送上万名老弱病残乘客和外地游客……多么善良可爱的新疆人啊，他们用平凡的故事书写了精彩的人生，表现出了人的最淳朴、最本质的爱，超越民族、超越地域、超越文化。

他们都是新疆人的骄傲！

绵延万里的援疆情

自古以来，新疆就是多民族聚居区。新疆的发展历史，就是一部各民族共同团结奋斗、共同努力建设美好家园的开拓史，同时也是兄弟省市和华夏儿女齐心协力支援新疆、开发新疆、建设新疆的创业史。

温泉县的察哈尔蒙古西迁戍边历史纪念塔凝聚了察哈尔蒙古西迁的光荣历史。200多年来，察哈尔蒙古人民忠于祖国，热爱边疆，为保卫和建设边疆、维护新疆地区的稳定作出了卓越贡献。

老一代人至今不会忘记"支边"这个词汇，那时全国各个地方、各个领域的男女老少来到新疆，带来了他们支援边疆建设的热忱。

当时，新疆没有现代医疗，缺医少药，于是上海、山东、辽宁等地的医生、教授来了，他们建起了医院，设立了新疆医学院，一边为大家看病，一边把现代的医疗技术传授给这里的年轻人。如今，新疆的医疗水平在西北地区位列前茅，这与当初国家对新疆的人才支援和老一辈人的贡献分不开。

1952年、1954年又有5000湘女和8000山东大姐应征入伍，来到了新疆。到了20世纪五六十年代，一批批复转军人和支边青年，满怀豪情地来到新疆，汇入开发边疆、建设边疆的历史洪流。

上海、山东、湖南、四川、陕西……来自五湖四海的一代又一代支边青年，把他们的青春和热血尽情地挥洒在戈壁荒滩，浇灌了万亩良田。故乡，对于支边青年而言，已成为一个遥远而模糊的概念。真正的家乡就是奋斗了几十年的新疆，这是他们生命的根，热恋的土。

在辽阔的新疆大地，支边青年们书写了意气风发的回忆，更挥洒了艰苦耕耘的汗水。他们中一部分人退休后落叶归根，有的人，则长眠于此；还有的人选择了留下，新疆，已经成为他们扎根的热土。他们在这里结婚生子，继续播种收获，"献了青春献终身，献了终身献子孙。"多少支边者说过"青春无悔"，至今仍然"情系边疆"。

2010年中央新疆工作座谈会召开后，新时期的"支边"再一次轰轰烈烈地开始了。

来自全国19个省市、中央国家机关和企业的5600多名科技人员、教师、医生、企业家和援疆干部，带着中央的殷切嘱托和全国人民的深情厚谊走进新疆。在天山南北，满怀激情地续写着新时代的援疆旋律。

"兄弟同心，其利断金。"在各援疆力量的眼里，对口援疆是新疆的需要，也是其他地区的需要，既有利于发挥新疆的比较优势和后发优势，也有利于拓展全国发展的市场空间和回旋余地。

大批科技、医疗、教育、文化等各领域的专家远离故土亲人，入疆挂职长期工作，他们带来了改革开放的新观念，带来了成熟的经验、先进的技术和设备、广阔的市场和广泛的交流合作。众多实力雄厚的内地企业，争先恐后涌入新疆落地开花；内地数十所名牌大学、中学办起了新疆学生班；大批新疆青年人才被送往内地各大城市培训；新疆特色农副产品与沿海企业连接成深加工的产业链；新疆大地那些灰色的土房子被迅速抹去，代之而起的是一片片楼房林立的小城镇和现代化的牧民定居点，一座座崭新的医院和学校……

援疆工作措施得力，成效显著，是新疆实现两大历史任务的强大的外部动力；新疆各族干部群众不等不靠、甘于奉献、敢于担当的主体作用则是新疆发展的内生动力。只有把援疆工作与新疆各族人民努力奋发、积极进取的精神风貌紧密地结合起来，才能形成强大的发展合力。

新疆一直坚持着"只有努力，才能改变；只要努力，就能改变"的理念，把国家政策支持和内地援助与自主发展更好地结合起来，把对口援疆工作与推进新疆跨越式发展和长治久安更加有机地结合起来。各族群众充分发挥主观能动性和自身积极性，自信、自立、自强，变化、变革、创新，正脚踏实地建设繁荣富裕和谐稳定的美好新疆，为实现美好的"新疆梦"而努力奋斗。

新疆的活力之源

新疆精神是新疆的活力之源！

2011年，中共中央政治局委员、新疆维吾尔自治区党委书记张春贤在新春寄语《奋力前行 给力新疆》中提出了"爱国、感恩、勤劳、互助、开放、进取"的十二字新疆精神。

2011年10月26日,新疆维吾尔自治区第八次党代会上最终将新疆精神表述为"爱国爱疆,团结奉献,勤劳互助,开放进取"16个字。

新疆精神源自于对中华精神的继承和弘扬,源自于新疆各族人民在历史长河中的文化积淀,源自于新疆改革开放的伟大实践。新疆精神是以现代文化为引领的集中反映,是爱国主义和时代精神在新疆的地域体现,是新疆人积极向上、奋发有为的精神坐标。

爱国爱疆

古语云:"滴水之恩,当涌泉相报。"党中央把新疆作为西部大开发的重点,对新疆一再加大扶持力度,在国家投资、财政补贴、资源开发、基础设施、对外贸易、税收征管、民生建设、人才培养、科技教育和国防建设等各个方面对新疆给予政策倾斜,使新疆直接享有一些符合新疆实际、操作性强的特殊政策。面对这样的机遇,新疆以感恩之心,把握住这些机遇,还要感谢19个省市的援疆兄弟。他们的到来就是要帮助新疆变得更加美好,他们的到来给新疆注入了新鲜血液,带来了新的生命力。

新疆地大物博,有着特殊的地理环境和人文环境。新疆人民开发新疆、建设新疆,适应并喜爱这块辽阔大地。不仅是新疆人,来疆工作的援疆干部、长期生活在这里的人,都普遍对新疆有着特别的好感,有着浓浓的"新疆情结"。于是就有了"我走过许多地方,最美的还是我们新疆"这样的歌词。这是大家的心声,也体现了新疆人的自豪感和建设好这里的信心。爱国、爱疆的旗帜,能把不同人的心凝聚起来,具有强大的感召力量。

团结奉献

新疆是多民族地区,要维护祖国统一,维护新疆稳定,必须增强各族人民大团结。生活在新疆的居民,从籍贯上讲,可以说有中国内

维吾尔、哈萨克、蒙古、柯尔克孜等新疆各民族

地各省市的深深印迹。从族别上讲,全国 56 个民族中有 43 个民族生活在这里。这也造就了这片土地的民俗、习惯的丰富性和多样性。不同的民族和习俗的居民如何在这片土地上和睦相处,共同发展,关键在于团结。团结是新疆的生命线,哪个时期做得好,哪个时期就发展。

"奉献"精神,也始终贯穿在开发建设新疆的过程中。新中国成立后,一批又一批干部、大学生、知识分子、知识青年和复转军人等支边人员积极响应党的号召,怀着改变边疆贫穷落后面貌、为各族人民办好事的信念,远离故土和亲人,从祖国各地奔赴边疆。他们热爱边疆、扎根边疆,在各自的岗位上埋头苦干,默默奉献,无怨无悔,与各族人民一道为开发建设新疆奉献了青春和生命。

勤劳互助

勤劳与互助是新疆人的永恒精神。自古以来,与中原地区相比,新疆的自然条件就比较恶劣,不管是绿洲农业还是游牧业,人们都要

新疆精神建筑小品,坐落于乌鲁木齐经济技术开发区内。

和大自然作艰苦的斗争,唯有靠勤劳和互助才能生存发展。

在"稳疆兴疆、富民固边"的目标下,新疆各族人民的勤劳与互助有更深更广的涵义。"勤劳"意味着有适应现代社会和市场经济的劳动技能和勤奋创业的能力。在更大的范围内,中央举全国之力推进新疆发展,各民族间物质文化、精神文化的交流与共享,都是广义上的"互助"。在援疆大潮中,援疆省市与受援地的互补,更会达到两者的互惠互利、共同进步。

开放进取

在经济全球化的时代背景下,区域发展空间的大小,在很大程度上取决于对外开放的程度和水平。在新疆这片土地上,汇聚了佛教文化、伊斯兰教文化、道教文化、儒家文化。因此,在新疆从来不缺少开放的基因。"马绢互市","茶马贸易",特别是横穿古代西域的"丝绸之路"，就是开放性、包容性的生动诠释。新疆历史上形成的各民族"你中有我，我中有你"的融合融洽关系，也生动反映新疆的"开放包容"。

新疆和内地还存在不小的差距，各行业各领域还存在很多不适应跨越式发展的问题。唯有开放，才能博采众长，开拓创新，为跨越式发展提供不竭的动力。跨越式发展不同于按部就班的常规发展模式，必须突破旧思维，摒弃旧模式，在各个领域不断突破和创新。

新时期新阶段，站在新起点，抓住机遇，把新疆精神渗透到整个社会发展和进步的各个层面，渗透到生产与生活当中，使之内化为社会集体意识、外化为人们的自发行动，成为新疆各族人民建设美好家园的强大精神动力，进而激发各族干部群众投身大建设、大开放、大发展的热情和活力，开辟新疆发展的新篇章。

在悠长的岁月里，新疆各族人民建立了深厚的感情，创造了十分耀眼的发展成果。民族有别，信仰有别，饮食有别，风俗有别，但是这丝毫不妨碍大家其乐融融地生活在一起，在一个伟大的共同体——中华民族的大家庭里风雨同舟、荣辱与共。

这是比石油和黄金珍贵百倍的财富。没有这样必需的基础，新疆不可能发生翻天覆地的变化；没有这样坚实的基础，新疆不可能以如此惊人的速度，散发出前所未有的活力，发展得如此多姿多彩。

在中央集全国之力助推之下，拥有独特资源与地缘优势的新疆，能否诞生如同深圳、浦东那样的经济奇迹？答案是肯定的。新疆各族群众坚信中国共产党的领导，坚定地走中国特色社会主义道路，弘扬新疆精神，创造新疆效率，提升新疆能力，树立新疆形象，共同团结奋斗，共同繁荣发展，新疆的未来前景光明，新疆的明天一定更加美好！